2024 年哈尔滨市社科联学术著作出版资助项目

冰雪体育产业发展策略研究

BINGXUE TIYU CHANYE FAZHAN CELUE YANJIU

张梦姣◎著

中国政法大学出版社

2024·北京

图书在版编目（CIP）数据

冰雪体育产业发展策略研究 / 张梦姣著. -- 北京 ： 中国政法大学出版社，2024. 8. -- ISBN 978-7-5764-1699-2

Ⅰ. G812

中国国家版本馆 CIP 数据核字第 20242AJ179 号

出　版　者　　中国政法大学出版社

地　　　址　　北京市海淀区西土城路 25 号

邮寄地址　　北京 100088 信箱 8034 分箱　邮编 100088

网　　　址　　http://www.cuplpress.com（网络实名：中国政法大学出版社）

电　　　话　　010-58908285(总编室) 58908433（编辑部）58908334(邮购部)

承　　　印　　固安华明印业有限公司

开　　　本　　720mm×960 mm　1/16

印　　　张　　13.25

字　　　数　　190 千字

版　　　次　　2024 年 8 月第 1 版

印　　　次　　2024 年 8 月第 1 次印刷

定　　　价　　62.00 元

前 言

　　进入新时代后，随着经济的飞速发展，人们的生活条件得到极大改善，为体育产业的发展创造了良好环境，呈现繁荣的发展景象。人们的体育需求不断上升，体育逐渐在社会中得到普及，成为一种大众运动。在社会发展过程中，体育的功能日益丰富，不再局限于满足人们身体健康的需要，具有一定的娱乐性，成为一种特殊的消费品。在人们体育需求日益增长的背景下，从事体育产品行业的人也逐渐增多，为体育产业的发展创造了有利条件。目前看来，体育产业的发展也为国家的经济发展作出了重要贡献，并逐渐成为城市的一项支柱产业。冰雪体育产业是我国体育产业的重要组成部分，对体育产业的发展具有重要作用，是体育产业转型升级的重要推动力。特别是在我国成功举办北京冬季奥运会（以下简称冬奥会）后，为我国冰雪体育产业的发展带来了新的机遇，使冰雪体育产业达到了新的发展高峰。但是，相较于发达国家，我国冰雪体育产业的发展起步较晚，经验不足，缺乏专业的设备和人才培养技术等，仍存在一定差距。因此，本书结合我国基本国情，在充分了解我国冰雪体育产业实际发展情况的基础上，与冰雪体育产业的发展需求相结合，深入探究冰雪体育产业的发展策略，从而实现促进我国冰雪体育产业可持续发展的目标。

　　全书主体共分为七章。第一、二章简述了冰雪体育产业的概念和冰雪体育文化；第三章的内容是冰雪体育产业文化，包括冰雪体育文化的内容、体育文化素养的培养以及影响因素；第四章阐述了冰雪体育文化体系的构建，内容包括冰雪体育文化体系的重要性以及构建冰雪文化体系的具体措施等；第五、六章分别讲述了我国体育产业中创意经济特点研究以及冰雪体育产业发展及策略等；第七章对我国冰雪体育文化的未来发展展开讲述。本书旨在为我国冰雪体育产业发展提供有益的参考和启示，推动我国冰雪体育产业实现高质量发展。为我国冰雪体育产业的发展贡献一份力量，同时也希望能引起更多关注和讨论，共同推动我国冰雪体育产业的繁荣和发展。

目　录

CONTENTS

第一章

体育产业概述

第一节　冰雪体育文化

一、概述

从我国冰雪运动的发展来看，与其他国家相比，我国冰雪运动事业的起步较晚，虽然具有丰富的冰雪资源，但分布不均，大多分布在我国东北部，而这些地区对冰雪资源的利用并不充分、开发不足，这也导致我国冰雪运动的普及度较低。直至我国成功举办北京冬奥会，将冰雪运动推到了社会公众面前，加大了冰雪运动的推广力度，使更多的人了解冰雪运动，吸引更多人关注冰雪运动事业的发展，对青年学生群体产生重要影响。国家体育总局十分重视冰雪运动事业，针对冰雪运动的发展印发了《冰雪运动发展规划（2016—2025 年）》，明确指出应将促进冰雪运动的发展作为重点工作内容，积极开展冰雪运动教育教学，从教育领域入手，培养冰雪运动人才，首先，应编制冰雪运动校园教学指南，为冰雪运动教学指明方向；其次，应不断增设冰雪运动特色学校，为培养冰雪运动人才提供学习环境；最后，应重视对冰雪运动教师的培养，鼓励高等院校开设冰雪运动相关专业，培育专职或兼职冰雪运动项目教师。高校对促进冰雪运动发展具有重要作用，是推动冰雪运动发展的重要力量，肩负培养高素质冰雪运动人才的重要使命。我国各大高校积极建设校园冰雪体育文化，开设冰雪运动课程，培养学生对冰雪运动的学习兴趣，从而促进冰雪运动的发展。

二、冰雪文化的发展

冰雪是哈尔滨的重要代表之一，是哈尔滨城市形象的重要组成部分。哈尔滨冰雪文化是其城市文化的重要展现，象征着哈尔滨城市文化银装素裹的重要特征，极具感召力[1]。哈尔滨冰雪文化使哈尔滨的城市形象更加丰富和鲜明，增强了人们对哈尔滨的城市印象，是哈尔滨新的经济增长点，对哈尔滨第三产业的发展具有积极的促进作用，并带动相关产业发展，使哈尔滨的城市经济持续发展，有利于哈尔滨知名度的提升。

（一）冰雪文化的分类

哈尔滨天气较为寒冷，日常生产和生活受到冰雪的重要影响，形成了独特的生活方式，是成就冰雪文化的重要基础。自20世纪中期，哈尔滨开始举办冰雪文化活动，并不断流传，形成了多种冰雪文化形式，是哈尔滨人日常生活中的主要娱乐方式之一。

1. 冰雪艺术

冰雪艺术具有显著的艺术性特征，可以供人观赏。冰雪艺术以冰雪作为塑造材料，结合自然物象，打造独特的艺术品，充分反映了哈尔滨独特的寒地文化，具体包括冰灯和冰雪绘画等。冰雪艺术经过长时间的发展，形成了丰富的艺术形式，包括冰滑梯和冰瀑布等，是创作者的情感表达。哈尔滨冰灯的制作材料是天然冰，进行艺术处理后，可以根据实际需求和个人喜好选择艺术造型。随着哈尔滨冰雪艺术的不断发展，形成了高超的冰灯塑造技术，可以塑造出形态各异的冰灯，极具观赏价值，为哈尔滨寒冷的冬天注入新的活力，对外地游客具有较大的魅力，有利于哈尔滨旅游业的发展。

---

〔1〕 参见浙江工商大学易开刚教授课题组：《持续扩大哈尔滨"热效应"打造国际冰雪旅游之城》，载《奋斗》2024年第9期。

2. 冰雪体育

冰雪体育具有显著的竞技性特征，可以激发人们的热情。冰雪体育主要是在冰雪上进行的体育活动，由于与传统体育活动具有较大差异，通常需要使用特殊运动器材，主要包括竞技性体育活动和非竞技性体育活动，运动形式多样，如经典的滑冰和滑雪运动等。进入新时代后，社会经济繁荣发展，极大地提高了人们的生活质量，随着大众休闲体育的不断推广，人们对冰雪体育运动的关注度不断提升，对体育产业的发展产生重要影响[1]。哈尔滨冬季体育活动形式丰富，不仅有单人运动项目，还有一系列激烈的多人运动项目，具体包括滑冰、冬泳和雪地足球赛等。

3. 冰雪旅游

冰雪旅游具有显著的娱乐性特征，可以放松人们的心情。冰雪旅游是哈尔滨的重要旅游产业，由于具有冰雪资源优势，相较于我国其他城市，哈尔滨冰雪旅游活动的起步较早，经过不断的发展，成为我国著名的冰雪旅游胜地之一。哈尔滨借助得天独厚的资源优势，大力发展冰雪旅游产业，促进多元文化的相互交融，打造哈尔滨旅游城市的显著亮点[2]。在优惠政策的支持下，哈尔滨旅游产业得到积极发展，为哈尔滨经济作出了卓越贡献，成为哈尔滨重要的城市名片之一。但随着更多的人关注冰雪旅游产业，北方各大城市也将发展目光放在冰雪旅游产业上，增大了哈尔滨冰雪旅游业发展的压力。因此，哈尔滨应立足于社会实际需求，结合自身冰雪旅游产业发展状况，不断完善冰雪旅游产业发展体系，构建独特的冰雪文化体系，吸纳本地独特的民族文化，打造哈尔滨城市冰雪文化概念，增加对游客的吸引力，从而促进冰雪旅游产业的发展，丰富哈尔滨城市文化。

---

〔1〕 参见王晶：《积极构建哈尔滨冰雪经济全产业链体系的策略》，载《学理论》2023年第6期。

〔2〕 参见唐赛等：《打造"冰雪+"全域全季全产业链 实现冰雪经济可持续高质量发展》，载《奋斗》2024年第5期。

4. 冰雪饮食

冰雪饮食是指在冰雪环境下冬季独特的饮食结构和饮食形式，哈尔滨的冰雪饮食文化是哈尔滨人在长期寒冷环境下所养成的利用冰雪资源条件而形成的冰雪饮食，哈尔滨人利用天然环境，把日常生活中所吃的食物放在户外储存，形成一系列特殊形式的食物，如冻肉类、冻鲜鱼、冻豆腐、冻饺子、冻豆包、冻水果、冻蔬菜等，使食物四季可食，在保质保鲜的前提下，使冬季的饮食结构得到合理的改善，提高了人们的生活质量[1]。此外，与冰雪有关的小吃——冰糖葫芦、冰雪球在冬季颇受人们喜爱，哈尔滨冬季的冷饮食品，冰点、冰糕、冰棍、冰激凌等也颇为畅销，哈尔滨以冰雪命名的菜肴或餐厅所推出的冰雪宴，也逐渐走进人们的生活，深受人们喜爱。

5. 冰雪文艺

冰雪文艺是指在冰雪环境下，通过艺术表演来表现冰雪内容，体现冰雪特点的表演艺术，其形式主要包括冰雪音乐创作、广场冰雪文艺、舞台冰雪文艺、冰雪景点文艺和冬季焰火晚会等。（1）冰雪音乐创作是以冰雪为素材而创作歌曲，由词曲音乐家们通过对冰雪的理解和认识，创作出符合时代特色和地域文化的词曲，深受人们热爱，代表作品有《我爱你，塞北的雪》《拥抱冬天》等。（2）广场冰雪文艺是指在寒冷的冬季，在冰天雪地的广场或街道露天广场开展大众性的文艺演出活动，其主要形式有东北二人转、东北大秧歌以及广场舞等。（3）舞台冰雪文艺是指在冰雪节文艺晚会上或其他文艺晚会上以歌颂冰雪为主题的表演艺术，其表现形式有冰雪晚会、冰雪节开幕式文艺汇演、冰雪体育庆典仪式等。（4）冰雪景点文艺顾名思义就是在冰雪旅游景点组织的文艺汇演活动，形式多样，有表现少数民族地域风情的表演，有表现欧域文化的文艺节目，还有表现卡通及巡游表演等。（5）冬季焰火晚会是指哈尔滨常在冰雪节开幕式时燃放焰

---

〔1〕 参见王闯等：《北京冬奥会背景下哈尔滨市冰雪旅游产品深度开发研究》，载《冰雪运动》2020年第1期。

火，其规模宏大，绚丽多彩，为冰雪节盛会的开展拉开了序幕，与冰雪雕塑艺术作品交相辉映，给哈尔滨的夜空带来光彩熠熠的视觉盛宴。

（二）冰雪文化的发展历程

以冰雪文化的发展历程为划分标准，可以将冰雪文化分为以下三个阶段。

1. 冰雪文化的自然生成阶段

我国考古学家在对冰雪文化的深入研究中，取得了令人瞩目的成果。他们通过不懈的努力和专业的知识，成功探寻到冰雪文化的源头，揭示了滑雪文化的古老历史。在这次研究中，考古学家们发现了一组关于滑雪姿态的岩画。这些岩画刻画了古代人类在雪地中滑雪的场景，姿态各异，生动逼真。经过碳-14年代测定法等科学方法的测定，证实这些岩画的年代距今已有1.2万年。这一发现不仅揭示了滑雪文化的悠久历史，也证明了我国在滑雪文化领域的重要地位。基于这一重要发现，上海大世界吉尼斯总部进行了正式确认，将我国认定为滑雪文化的发源地。这是对我国作为冰雪文化源头的国际认可，也是对我国冰雪文化历史贡献的肯定。这一荣誉不仅属于我国考古学家，更属于全体中国人民。我国作为滑雪文化的发源地，拥有丰富的冰雪文化资源和深厚的历史底蕴。从古代的滑雪岩画到现代的冰雪运动，我国冰雪文化在传承中发展，在发展中创新，为世界冰雪文化的繁荣作出了重要贡献。

2. 冰雪文化的应用发展阶段

在我国北方广袤的地区，天气条件严酷，冬季漫长且多风雪。这里的居民长期生活在这种冰雪环境中，逐渐形成了独特的生存方式和文化。面对寒冷的气候，他们不仅学会了适应，还巧妙地利用了冰雪资源。在这一时期，社会生产力相对较低，人们对冰雪的利用多出于实用的角度。为了生存，他们发展出了冬捕和冬猎等技能。在冰封的河面上，他们破冰捕鱼，获取丰富的食物资源；在茫茫雪原中，他们追踪猎物，以维持生计。这些活动不仅满足了基本的生活需求，也塑造了人们坚韧不拔的性格。

除了生活方式的适应，冰雪文化还在交通运输方面发挥了重要作用。为了在深厚的雪地中行进，人们发明了狗拉爬犁等交通方式。这种交通运输方式不仅有效地解决了雪地行进的难题，还成为北方地区冰雪文化的一个重要标志。它体现了人们在严酷环境中的智慧和创造力，也是冰雪文化应用发展阶段的初步成果之一。这些生存方式和文化传统的形成，不仅体现了人类与自然环境的和谐相处，也展现了人类在逆境中的无限可能〔1〕。

3. 冰雪文化的独立活动阶段

随着社会生产力的提高，人们的生活条件得到改善，精神需求不断增加，借助丰富的冰雪资源创造出多种以冰雪为主题的艺术形式，如冰灯和冰雪舞蹈等，丰富了寒冷地区人们的精神世界。使人们在提高物质生活质量的同时，实现精神富足。在该发展阶段，为了满足人们的精神需求，开展了多项冰雪娱乐活动，如"抽冰猴""冰滑子"等，为寒冷地区的人们开创了新的娱乐方式，形成了丰富的冰雪民俗文化，并逐渐发展为一项重要的艺术活动。

哈尔滨历史上是一座移民城市，开放的城市，各民族文化相互交融，由于其优越地区条件和文化底蕴，对外经贸联系密切，人文国际化程度较高，生活在哈尔滨的各族人民相互包容，相互借鉴，利用勤劳的双手和聪明的智慧，创造了新的文化形式，从畏冰雪、厌冰雪、避冰雪逐渐变为爱冰雪、用冰雪、恋冰雪，哈尔滨人在与冰雪作斗争的生活过程中，创造出了别具特色的文化样式。哈尔滨之所以能率先发展现代冰雪文化，是因为其具有优越的自然条件、特殊的城市历史背景和独特的冰雪文化积淀。

从商周时代到隋唐时代，生活在哈尔滨地区的肃慎人、勿吉人，他们为了在严寒的冰雪环境中求得生存，从单纯的渔猎生活发展到渔猎农耕，形成了古老的冰雪文化。10 世纪中叶，生活在哈尔滨地区的女真人开始在地上建造房屋，在室内砌火炕，冰雪建筑得到了发展。清代两次移民将中原文化与关外冰雪文化以及其他少数民族的冰雪文化进一步融合。新中国

---

〔1〕 参见王闯、徐淑梅：《哈尔滨城市冰雪文化培育战略研究》，载《知与行》2020 年第 3 期。

成立后，哈尔滨在政府的号召下，冰雪运输、冬季狩猎、滑冰、滑雪等其他冰雪体育活动逐步开展，进入了新的发展阶段。

1963 年，哈尔滨举办了冰灯游园会，创造出了现代冰灯艺术，对冰雪艺术的发展起到了推波助澜的作用，并带动了相关冰雪文化的发展。1985 年，哈尔滨在市委、市政府带动下创办了第一届冰雪节，冰雪雕塑、冰雪体育、冰雪文艺、冰雪饮食、冰雪经贸、冰雪旅游等产业得到了全方位的开发。哈尔滨的现代冰雪文化，进入了飞速发展阶段，经过数十年的努力，当前的哈尔滨冰雪文化的发展日臻完善，每年一届的冰雪节、雪博会及冰灯游园会，其题材丰富、形式多样、规模宏大，吸引了大量的国内外游客，对促进哈尔滨经济的发展作出了重要贡献。

三、冰雪雕塑艺术的价值表现

冰雪文化是哈尔滨重要的城市地域文化，对哈尔滨的经济发展和对外交流作出了重要的贡献，而冰雪雕塑艺术作为其冰雪文化的重要组成部分，对弘扬冰雪文化及地域文化内涵起着重要的作用，乃至成为哈尔滨的象征与符号。

（一）审美、娱乐价值

冰雪雕塑艺术使天然无生命的冰雪通过艺术处理，创作出具有生命力的造型作品，使作品具有一定的文化内涵和主题思想。冰雪雕塑艺术将冰雪的天然美与艺术美结合在一起，形成特殊艺术语言的表现形式，艺术家们通过自己的情感，利用精湛的技艺，给完全无生命的材质赋予生命力，使冰雪的天然美与艺术美完美结合。冰雪雕塑艺术由于其材质的独特性，表现作品的艺术形式具有很强的寓意性和象征性，通过雕塑艺术作品来表现地域文化特色和大自然的壮美，冰雪雕塑艺术不仅注重对文化内涵的体现，也是时代精神的具体体现[1]。

---

〔1〕 参见王松引等：《哈尔滨现代冰雕艺术的发展与创新》，载《工业设计》2021 年第 3 期。

此外，冰雪雕塑艺术作用于城市环境，是城市空间环境建设中不可缺少的组成部分，冰雪雕塑的创作主题、大小、形式、位置等都要与城市自然环境相协调，与城市文化价值相匹配。哈尔滨冰雪雕塑艺术活动的开展，以其独特的艺术形式体现着哈尔滨特有的文化样式，在尊重城市历史文化的前提下，创造出符合城市自然环境与体现地域特色、时代潮流的艺术作品。哈尔滨的冰雪文化集旅游、体育、休闲、娱乐于一体，为冰雪艺术拓宽展示平台，同时吸引更多的冰雪爱好者和国内外游客体验冰雪雕塑艺术创作或冰雪运动，一年一度的冰雪节、雪博会、冰灯游园会，政府或有关部门都会组织各种冰雪雕塑比赛，让更多的人参与冰雪雕塑艺术创作。此外为了迎合冰雪雕塑艺术的发展，如冰雪观光、冰雪节庆、冰雪运动、冰雪休闲、冰雪旅游等其他相关产业也得到了进一步的发展。哈尔滨的冰雪雕塑艺术以天然资源和浓厚的地域文化为依托，已成为哈尔滨的象征。哈尔滨冰雪雕塑艺术的娱乐价值表现，吸引了更多的市民及外来游客参与其中，深受人们的青睐，在寻求探险和刺激之外，更是对精神的放松和意志的锻炼。

从对冰雪雕塑概念的分析来看，以使用的原材料为标准，可以将冰雪雕塑分为冰雕和雪雕两种形式，也正是由于使用的原材料不同，所以冰雕和雪雕最终的呈现效果也会产生一定差异，但从外观上来看，在艺术造型上较为相似[1]。

首先，空间感明显。在设计雕塑的造型时，不管是冰雕还是雪雕，只有灵活运用雕塑体积的变换，才能形象、生动地将雕塑的造型艺术展现出来。雕塑的创作者要具备超高的空间意识，将雕塑的体积感凸显出来，才能给人带来强烈的视觉冲击。

其次，造型感丰富。对于雕塑而言，造型是其灵魂所在。但冰雪雕塑与其他艺术形式不同，受材质的限制不能反复进行描绘。所以，在进行冰

---

〔1〕 参见刘亚薇、崔姗：《非遗文化"哈尔滨冰灯冰雕"的传播与保护》，载《边疆经济与文化》2021年第3期。

雪雕塑创作时，应尽量进行精简的设计，使用较为流畅的线条走向，从而使雕塑的形象特征更加突出，增加雕塑的美感。

最后，动静相宜。冰雪雕塑艺术是户外艺术的一种，大多为静态形象。在建造冰雪雕塑时应重视雕塑结构的稳定性，确保所使用的材料已完全凝固，具有足够的支撑力。

（二）经济价值

哈尔滨人在生存发展过程中，结合当地客观环境和实际需求创造了冰雪文化。作为哈尔滨重要的城市名片之一，冰雪文化对哈尔滨具有较高的经济价值。其中，冰雪雕塑艺术在冰雪文化中占据重要位置，在哈尔滨城市布局中设置冰雪雕塑艺术改善了哈尔滨的城市环境，有利于促进哈尔滨的经济发展。冰雪雕塑艺术是哈尔滨城市形象的重要代表之一，对哈尔滨的经济发展具有重要作用，不仅可以促进经济增长，还可以带动相关产业共同发展。通过发展冰雪产业，不仅可以打响哈尔滨冰雪城市的知名度，扩大城市文化影响力，还能打造良好的城市品牌形象。在哈尔滨城市文化的背景下，冰雪雕塑艺术形成了独特的产业模式，将冰雪文化的特质鲜明地显现出来。

（三）审美价值

冰雪雕塑作品具备丰富的情感内涵，代表着雕塑创作者的创作理念，承载着创作者的思想情感。雕塑的创作者赋予雕塑作品独特的生命力，使雕塑具有较高的审美价值，主要表现在以下两方面：一方面是冰雪雕塑具有较高的艺术价值，兼具天然美和艺术美，结合了雕塑创作者丰富的情感和想象力，是独一无二的艺术品；另一方面是冰雪雕塑具有一定的象征意义。由于冰雪雕塑以天然雪为创作原材料，在进行造型设计时，应考虑材质的影响，在确保外形真实、结构稳定的基础上，丰富雕塑的内涵。雕塑的精神内核对其审美价值具有重要影响。

第二节 冰上、雪上运动发展

一、世界滑冰运动发展概况

(一) 古代冰上运动

滑冰运动是一项比较古老的运动，人类的冰上活动最早可以追溯到远古新石器时代。据考证，滑冰起源于荷兰，当时人们用木制的爬犁作为冰上的运输工具，这在英国手抄文献、荷兰古雕刻画、斯堪的纳维亚叙述文学以及瑞士古典文献中都有发现、考证和类似的记载。人们只在冬季开展这种游戏活动，现代速度滑冰运动的产生和形成正是基于这项活动，这为现代速度滑冰运动的发展奠定了基础。

公元 1250 年左右荷兰人发明了铁制冰刀，将它绑在鞋上滑起来要比利用兽骨滑行快得多，这种简易的铁制刀很快在荷兰和欧洲其他国家盛行。

最早的速滑比赛出现于 1676 年，是在荷兰的运河上举行的。当时由于在城市中举行直线滑行比赛不方便观看，后来冰场逐渐演变为 U 形跑道最初距离为 160 米~200 米，最后形成了现在速滑比赛所使用的封闭式椭圆形 400 米标准跑道。随着社会生产力的发展及人们文化生活的提高，滑冰运动由简单滑行逐渐向更高层次的花样表演以及竞技性强的冰球运动发展，滑冰从娱乐游戏活动发展成了竞技运动项目，进而形成了现代冰上运动。

(二) 走向竞技的现代冰上运动

冬季运动项目包括冰上运动，这项运动在天然或人工冰场上进行，可借助专用冰刀或者其他器材，包括速度滑冰、短跑道速度滑冰、花样滑冰、冰球运动等项目。

1. 速度滑冰发展史

滑冰运动于 18 世纪在英格兰迅速普及，一经普及便得到社会公众的广泛关注，在发展过程中，逐渐成为一种竞赛活动。19 世纪初，随着社会的不断发展，滑冰运动进入发展高峰期，在社会中逐渐兴起。之后，荷兰出现具有竞技性质的滑冰比赛活动，也是速度滑冰的起源。1823 年，举行过以滑冰为内容的比赛项目，但仅限男子参赛。

到了 19 世纪 70 年代，国际体育得到快速发展，体育的影响力不断上升，速度滑冰运动得到广泛推广，各类关于滑冰的协会相继成立，如荷兰滑冰协会等。

在当时速度滑冰的发展阶段，已经开始举办相关的比赛。关于比赛跑道主要有两种，分别为 300 米和 800 米。在举办比赛的实际过程中，也出现了一系列问题，包括比赛的场地规格、具体项目和规则等，都引起了相关人士的激烈争议。针对这些问题，荷兰人结合比赛的具体情况提出了相应的解决办法，制定了合理的比赛规则。速度滑冰比赛采用双跑道形式，比赛双方同时出发，以时间长短作为标准，并以距离为标准设立 3 项比赛项目。根据当时制定的规则，只有同时取得 3 项比赛项目第一名的运动员才能成为世界冠军。随着速度滑冰运动的不断发展，比赛更加频繁，出现更多的滑冰协会，为了实现滑冰比赛的规范化发展，并妥善解决在比赛中出现的各种问题，人们开始尝试建立国际管理机构，为国际滑冰联盟的成立创造良好条件。国际滑冰联盟成立后，于 1893 年 1 月指导举行了第一届世界男子速度滑冰锦标赛。

自此以后，多次举行国际滑冰运动赛事，1924 年举办了第一届冬奥会，多个国家均参与其中，是国际滑冰运动事业不断发展的重要标志之一。次年，国际奥委会在会议中提出自 1928 年起定期举办冬奥会，并将 1924 年举办的冬奥会作为起点，将 1928 年举办的冬奥会作为第二届冬奥会。

从具体实践来看，积极弘扬奥林匹克精神有利于促进人类文明发展，推动社会进步，对体育事业的发展具有重要作用。奥林匹克思想对人类文化的发展产生重要影响，是国家之间进行交往的重要方式之一，具有不可替代的作用。

2. 短跑道速度滑冰

短跑道速度滑冰运动发源地为加拿大。该运动出现后，丰富了冰雪运动形式，并不断推动冰雪体育产业的发展。19 世纪 80 年代，该运动进入繁荣发展时期，很多速度滑冰爱好者都选择在室内冰球场进行练习和娱乐。而且，也有部分专业运动员在室内冰场进行训练，包括保尔森等，作出了发明室内短跑道速度滑冰专用冰刀的重要贡献。

1905 年后，美国和加拿大等国将短跑道速度滑冰运动作为一项重要的竞技运动。不久后，开始举办公开赛事，受到世界公众的广泛喜爱。进入20 世纪 20 年代后，短道速滑运动传入欧洲，并取得一定的发展成果。1969 年，国际滑联会仍十分重视短道速滑运动，利用长期积累的实践经验，为了短道速滑运动不断发展，不少人都在建立相关议案。1975 年，成立短跑道速度滑冰技术委员会，利用选举方式构建委员会，并形成了相应的组织机构。

1992 年冬奥会，首次将短跑道速度滑冰运动纳入正式比赛项目，设男子 1000 米和 5000 米接力及女子 500 米和 3000 米接力。到 2002 年冬奥会，短跑道速度滑冰已由 1992 年的 4 项增加到包括男女 1500 米在内的 8 项。

3. 花样滑冰

花样滑冰是一项集优雅、艺术和竞技于一体的冰上运动，其历史可以追溯到几个世纪前。随着时间的推移，这项运动经历了不断的发展和变革，从最初的简单冰上活动，逐渐演变成一项高度专业化和技术化的国际竞技运动。本书将对花样滑冰的发展历史进行详细的探讨和分析。

（1）早期历史

花样滑冰的起源可以追溯到 13 世纪的荷兰，当时人们为了在结冰的运河和湖泊上交通，开始使用装有铁刀的木制鞋子。这种在冰面上的滑行方式逐渐发展成一种娱乐活动，人们在冰面上表演各种技巧和动作。

18 世纪中叶，英国的一位名叫罗伯特·琼斯（Robert Jones）的舞蹈教师将滑冰与舞蹈结合，创新出了一种被称为"花样滑冰"的冰上表演艺术。琼斯在伦敦冰冻的泰晤士河上进行了多次表演，他的表演风格优雅、动作丰富，深受观众喜爱。这一时期的花样滑冰主要是娱乐性质，没有固定的规则和竞技标准。

（2）花样滑冰的竞技化

19世纪中叶以后，花样滑冰开始向着竞技化方向发展。1863年，美国马萨诸塞州的波士顿成立了世界上第一个花样滑冰俱乐部"波士顿滑冰俱乐部"，随后英国、德国和加拿大等国家也相继成立了滑冰俱乐部。这些俱乐部的成立推动了花样滑冰竞技化的进程，制定了统一的比赛规则和评分标准。

1872年，第一届国际滑冰比赛在维也纳举行，比赛项目包括速度滑冰和花样滑冰。此次比赛对花样滑冰的发展具有重要意义，标志着这项运动正式进入国际竞技舞台。此后，国际滑冰联盟（ISU）于1892年在荷兰成立，进一步推动了花样滑冰的全球发展。ISU制定了详细的比赛规则、评分标准和技术要求，使得花样滑冰的竞技水平不断提高。

（3）技术与艺术的融合

20世纪初，随着音乐、舞蹈和戏剧等艺术形式的发展，花样滑冰开始与这些艺术形式紧密结合。选手们在比赛中融入复杂的舞蹈元素和音乐节奏，使花样滑冰从单一的技巧展示转变为技术与艺术的融合。这一时期的花样滑冰比赛更像是一场视听盛宴，吸引了大量观众关注。

（4）现代花样滑冰的发展

20世纪后半叶至今，花样滑冰在技术、艺术和竞技水平上都取得了显著的进步。随着科技的进步，选手们可以利用先进的训练方法和设备来提高技术水平。同时，音乐、舞蹈等艺术形式的不断创新为花样滑冰提供了丰富的创作灵感。这使得现代花样滑冰比赛更加精彩纷呈，选手们的表演水平也越来越高[1]。

在国际赛场上，冬奥会、世界锦标赛、欧洲锦标赛和大奖赛总决赛四大国际赛事代表了花样滑冰的最高水平。其中，冬奥会花样滑冰比赛是全

---

〔1〕 参见印文晟等：《花样滑冰规则的演变历程与发展趋势》，载《冰雪运动》2008年第2期。

球关注度最高的赛事之一，各国选手为了争夺金牌展开了激烈的竞争。这些赛事的举办不仅推动了花样滑冰技术的发展，也提高了这项运动的国际影响力。

4. 冰球运动

（1）古代冰上球类游戏

古代冰上球类游戏是冰上运动的一种重要形式，它们在寒冷的气候中提供了一种娱乐和竞技的方式。这些游戏通常涉及在冰面上使用球杆或类似工具击打一个小球，以达到特定的目标或完成特定的任务。

①起源与发展

古代冰上球类游戏的起源可以追溯到数千年前，当时人们已经开始在冰面上进行各种活动。最早的冰上球类游戏可能是由居住在寒冷气候地区的人们发明的，他们利用当地的自然条件和资源，创造出了一种独特的娱乐方式。随着时间的推移，这些游戏逐渐传播到其他地区，并发展出不同的规则和玩法。

在古代，冰上球类游戏不仅是一种娱乐活动，还具有宗教、文化和社交意义。在某些文化中，这些游戏被视为神圣的仪式，用于祈求丰收、庆祝节日或加强社区凝聚力。因此，它们在古代社会中扮演着重要的角色。

②规则与玩法

古代冰上球类游戏的规则和玩法因地区和文化而异。然而，大多数游戏都遵循一些基本的规则，如使用球杆击打小球、将球打入目标区域或击败对手。以下是一些古代冰上球类游戏的典型规则和玩法。

冰上曲棍球：这是一种流行的古代冰上球类游戏，玩家使用弯曲的球杆击打一个小球，试图将其打入对手的球门。游戏通常分为两队，每队人数相等，比赛场地通常是一个长方形的冰面。

冰上保龄球：在这种游戏中，玩家使用一个较重的球杆将一个小球击向一系列排列在冰面上的木瓶。目标是将所有的木瓶击倒，以获得最高的分数。

冰上橄榄球：这是一种结合了橄榄球和冰上运动的游戏。玩家在冰面上进行橄榄球比赛，试图将球带入对手的得分区域或将其传递给队友以得分。

这些游戏不仅需要玩家具备高超的技巧和战术意识，还需要他们具备出色的身体素质和团队协作能力。在古代，这些游戏往往被视为一种荣誉和地位的象征，优秀的玩家会受到社会的尊重和赞誉。

③技术特点

球杆制作：古代的球杆通常由木材、骨头或象牙制成，形状和大小因游戏而异。制作过程中需要考虑到球杆的强度、重量和灵活性等因素，以确保其在使用过程中能够承受撞击和保持稳定性。

滑行技术：在古代冰上球类游戏中，玩家需要掌握滑行技术以在冰面上快速移动和改变方向，包括单脚滑行、双脚滑行和转身等技巧。优秀的滑行技术可以帮助玩家在比赛中占据有利位置并躲避对手的攻击。

击球技巧：玩家需要掌握正确的击球技巧以将球准确地击向目标，包括选择合适的击球角度、力度和时机等因素。在古代的冰上球类游戏中，击球的准确性和力量往往决定比赛的胜负。

（2）现代冰球运动

现代冰球运动在全球范围内具有广泛的影响力和文化意义。它不仅是一项备受欢迎的体育运动和竞技赛事的重要组成部分；而且是一种独特的文化现象和社会活动；更是一种体现人类智慧、勇气和团队精神的象征。通过参与冰球运动；人们可以感受到激情、挑战和成就感；同时也可以培养团队协作精神、竞争意识和自我超越的能力。在现代社会中，冰球运动已经成为一种跨越国界和文化差异的语言，将不同国家和地区的人们紧密联系在一起，共同分享运动的快乐和荣耀。因此，我们应该更加重视和推广冰球运动，让更多的人了解和参与这项独特的体育运动，共同推动其发展和进步。同时，我们也应该关注冰球运动在环境保护、社会公益等方面的积极作用，努力实现体育与社会的和谐发展。

现代冰球运动是一项高度竞技化、技术化和组织化的冰上运动，起源于古代冰上球类游戏，经过长时间的发展和演变，已经成为全球范围内备受关注和喜爱的体育运动之一。

现代冰球运动的比赛规则经过多年的发展和完善，已经形成了一套完整的体系。

场地与装备：冰球比赛通常在一个长方形的冰面上进行，两端各有一个球门。球员穿着特制的冰鞋、护具和球衣，手持一根带有弯曲末端的球杆。

球队与球员：每支球队通常由6名球员组成，包括1名守门员和5名场上球员。球队可以通过换人来调整战术和策略。

比赛时间：一场冰球比赛通常分为三节，每节20分钟，中间休息15分钟。如果比赛结束时比分相同，则可能需要进行加时赛或点球决胜。

进攻与防守：在比赛中，球队通过传球和运球等技术手段来组织进攻，试图将球打入对方球门。同时，球队也需要采取有效的防守策略来阻止对方的进攻。

规则与判罚：冰球比赛有一套严格的规则和判罚制度，包括越位、犯规、违例等行为都会受到相应的处罚。此外，比赛中还可能出现因球员受伤或其他原因而暂停的情况。

现代冰球运动具有独特的技术特点，这些技术特点不仅体现在球员的个人技能上，也体现在球队的战术和策略上。

滑行与平衡：冰球运动员需要具备出色的滑行技术和平衡能力，以便在高速移动中保持身体稳定并准确完成各种动作。

控球与传球：球员需要熟练掌握控球和传球技巧，以便在比赛中有效地组织进攻和防守，包括使用球杆的末端控制球的方向和速度，以及通过准确的传球与队友配合。

射门与防守：射门是冰球比赛中的重要得分手段之一。球员需要具备强大的射门力量和准确性，以便突破对方的防守并将球打入球门。同时，防守也是至关重要的环节，球员需要采取各种防守技巧和策略来阻止对方的进攻。

团队协作与战术意识：冰球是一项团队运动，需要球员之间紧密协作和默契配合。球队需要制定有效的战术和策略来应对不同的情况和对手，要求球员具备良好的团队协作精神和战术意识。

二、中国滑冰运动发展概况

（一）古代滑冰运动

中国古代滑冰运动的发展是一个历史悠久且充满文化内涵的过程。从早期的冰上游戏到明清时期的宫廷冰嬉，再到民间广泛的滑冰活动，中国古代滑冰运动不仅丰富了人们的体育生活，也体现了不同历史时期的社会风貌和文化特色。

1. 起源与早期发展

关于中国古代滑冰运动的起源，可以追溯到数千年前的冬季冰面上。在寒冷的冬季，结冰的河面或湖面为古代人们提供了天然的滑冰场。最初，人们可能只是在冰面上嬉戏玩耍，体验滑冰带来的乐趣。随着时间的推移，一些具有竞技和娱乐性质的冰上活动逐渐产生并流传下来。

在早期的历史文献中，虽然没有明确的滑冰记载，但可以从一些相关的描述中推测出滑冰活动的存在。例如，《诗经》中有"二之日凿冰冲冲，三之日纳于凌阴"的诗句，描述了周代人们采冰的场景。而《宋史·礼志》中则记载了当时的皇帝"幸后苑，观冰嬉"，表明宋代宫廷中已经有滑冰的活动。

2. 明清时期的宫廷冰嬉

明清时期是中国古代滑冰运动发展的高峰。在这个时期，滑冰不仅成为宫廷体育活动之一，还被赋予了更多的文化内涵和社会意义。

明朝时期，滑冰在宫廷中广泛流行，成为皇室成员娱乐的重要方式之一。据《明宫史》记载，每年冬季，皇宫内的冰面上都会举行盛大的冰嬉活动，皇帝和皇后亲自参与，与众人共享滑冰的乐趣。

到了清朝，滑冰运动更是得到了空前的重视和发展。乾隆皇帝对滑冰运动情有独钟，他不仅大力推广滑冰运动，还在宫中设立了专门的滑冰队伍——"技勇冰鞋营"，从八旗士兵中挑选出擅长滑冰的勇士进行训练，每年冬季在太液池上进行冰嬉表演。这些表演项目丰富多样，包括速度滑冰、花样滑冰、冰上射箭等，既有竞技性又有观赏性。乾隆皇帝甚至亲自撰写《御制冰嬉赋》，表达对滑冰运动的热爱和赞美之情。

3. 民间的滑冰活动

除了宫廷中的冰嬉之外，民间的滑冰活动也十分活跃。在北方地区，尤其是东北和华北地区，冬季寒冷而漫长，结冰的河面和湖面为当地人民提供了天然的滑冰场所。人们在冰面上进行各种娱乐活动，如滑冰比赛、冰上舞蹈、冰上杂耍等，这些活动不仅丰富了人们的冬季生活，也促进了地区间的文化交流与融合。

4. 技术与器具的进步

在中国古代滑冰运动的发展过程中，技术和器具的进步也起到了重要的推动作用。早期的滑冰器具相对简单粗糙，随着时间的推移和技术的进步，人们开始使用更加精细的冰刀和冰鞋进行滑冰活动。这些先进的器具不仅提高了滑行速度和稳定性，也增加了滑冰运动的观赏性和竞技性。

5. 文化内涵与社会价值

中国古代滑冰运动的发展不仅体现了古代人民的体育智慧和创造力，也蕴含了丰富的文化内涵和社会价值。首先，滑冰运动作为一种独特的文化现象，反映了古代人民对自然的敬畏和对生活的热爱。其次，通过参与滑冰运动，人们可以锻炼身体、磨炼意志、培养气质和团队协作精神等多种优秀品质。最后，滑冰运动在古代社会中也起到了促进人际交往、增强社会凝聚力的作用。

(二) 现代滑冰运动

中国现代滑冰运动的发展是一个充满活力和创新的过程，它经历了从引进西方现代滑冰技术到逐渐本土化、专业化、国际化的历程。在这个过程中，中国滑冰运动不断挑战自我，追求更高、更快、更强的体育精神，逐渐在国际舞台上崭露头角。

1. 现代滑冰运动的引入

在 20 世纪初，随着西方文化的影响和现代体育观念的传播，现代滑冰运动开始进入中国。最初，这项运动主要在沿海城市和租界内的外国人中流行。随着时间的推移，一些中国青少年也开始接触并喜爱上这项运动。他们通过模仿和学习西方人的滑冰技术，逐渐掌握了现代滑冰的基本技能和规则。

2. 专业化与竞技化的发展

新中国成立后，政府高度重视体育事业的发展，滑冰运动也迎来了新的发展机遇。国家开始投入大量的人力、物力和财力来推动滑冰运动的发展，建立了专业的滑冰队伍和训练基地，培养了一批批优秀的滑冰运动员和教练员。同时，国内也举办了各种级别的滑冰比赛和锦标赛，为运动员提供了展示才华和竞技交流的平台。

在这个过程中，我国滑冰运动逐渐实现了专业化和竞技化。运动员们通过科学的训练和比赛实践，不断提高自己的技术水平和竞技能力。他们在国际赛场上屡创佳绩，为中国争得了众多的荣誉和奖项。同时，我国滑冰运动的竞技水平也得到了国际社会的认可和赞誉。

3. 大众普及与冰雪产业的发展

随着我国社会经济的快速发展和人民生活水平的提高，越来越多的人开始关注和参与滑冰运动。政府和社会各界也积极推动滑冰运动的普及和推广，建设了众多的公共滑冰场和冰雪运动中心，为广大民众提供了参与滑冰运动的便利条件。同时，冰雪旅游、冰雪文化节等各种形式活动的举办，也进一步推动了大众对滑冰运动的认知和喜爱。

在这个过程中，冰雪产业也得到了蓬勃的发展。冰雪旅游、冰雪装备制造、冰雪赛事运营等相关产业迅速崛起，形成了一个庞大的冰雪产业链。这不仅为我国的经济发展注入了新的活力，也为滑冰运动的发展提供了更加坚实的产业支撑。

4. 国际交流与合作

我国滑冰运动在发展过程中，一直保持着开放的态度，注重与国际社会的交流与合作。这种交流与合作不仅促进了我国滑冰运动的发展，也推动了全球滑冰运动的进步。

首先，我国通过参加国际滑冰比赛，与世界各国和地区选手同场竞技，共同提高。国际比赛是检验运动员实力和水平的重要平台，也是各国和地区交流和学习的重要机会。我国选手在国际比赛中展现了出色的竞技水平和良好的精神风貌，赢得了国际社会的广泛赞誉。同时，通过与各国和地区选手的切磋和交流，我国选手也学到了许多先进的训练方法和比赛经验，为自身的成长和进步打下了坚实基础。

其次，我国通过举办国际冰雪论坛，为国际社会提供了一个交流和探讨冰雪运动发展的平台。国际冰雪论坛汇集了世界各地的冰雪运动专家、学者和从业人员，他们就冰雪运动的发展趋势、技术创新、产业发展等议题进行深入探讨和交流。我国通过举办这样的论坛，不仅展示了自己在冰雪运动领域的成果和经验，也从国际社会汲取了许多有益的思路和建议，为自身的发展注入了新的活力。

此外，我国还积极加入国际滑冰组织，与各国和地区共同推动滑冰运动的发展。国际滑冰组织是全球滑冰运动的领导机构，负责制定和执行国际滑冰比赛规则、推动滑冰运动技术创新和普及等。我国加入国际滑冰组织后，积极参与各项事务的讨论和决策，为国际滑冰运动的发展贡献了自己的智慧和力量。同时，通过与各国和地区在国际滑冰组织中的合作与交流，我国也学到了许多先进的管理经验和运营模式，为自身滑冰运动的发展提供了有力支持。

在融入国际滑冰大家庭的过程中，我国也向世界展示了自己的滑冰文化和特色。我国的滑冰文化历史悠久、底蕴深厚，具有独特的魅力和影响力。通过参加国际比赛、举办国际论坛、加入国际组织等方式，我国将自己的滑冰文化和特色传播到了世界各地，让更多的人了解和认识了我国滑冰运动的独特之处。这种文化交流与融合不仅促进了我国与世界各国和地区的友谊与合作，也为全球滑冰运动的发展注入了新的动力和活力。

三、冬奥会冰上比赛项目及其竞赛规则

（一）速度滑冰

运动员必须按逆时针方向滑跑。在换道区争道时，出内弯道的运动员要主动让道。在弯道滑跑中，冰刀不准切入雪线。运动员的冰刀触及终点线，才算到达终点。

速度滑冰又分为大跑道速滑和室内短跑道速滑。速滑通常指的是大跑道速滑。跑道分内、外两条，每组两人同时滑跑。每滑 1 圈交换 1 次内、外道。

速度滑冰是以冰刀为工具在冰上进行的一项竞速运动。由男子 500 米、1000 米、1500 米、5000 米、10 000 米全能短距离全能团体以及女子 500 米、1000 米、1500 米、3000 米、5000 米全能短距离全能团体等 16 个小项组成。

（二）短跑道速度滑冰

与速度滑冰相比，短跑道速度滑冰使用的跑道较短，因此叫作短跑道速度滑冰，也称为短道速滑。短跑道速度滑冰对运动员的身体素质和技能水平等具有基础要求，是一项体能类竞速项目。

短道速滑运动于 1992 年被列为冬奥会比赛项目，成为正式冰上运动赛事，主要包括男子和女子 500 米、1000 米等子项目。

短道速滑采用淘汰赛制，速度较慢的运动员不能参与下一轮比赛。该比赛项目共分为四轮，分别为预、次、复、决赛，只有每组的前两名运动员才能获得进入下一轮比赛的资格。在比赛过程中，运动员通过抽签选择道次，然后从同一起跑线同时出发，最先到达终点的运动员为冠军，次之分别为亚军、季军。比赛途中，运动员可以选择超越其他运动员，但不能与其他运动员进行身体接触，更不能推拉或碰撞其他运动员。一旦出现身体碰撞或影响其他运动员滑进的行为，都将被视为违规。根据比赛规则，

出现违规行为的运动员将被取消比赛资格。此外，为了保证运动员的人身安全，运动员应穿戴专业的防护措施，如硬壳头盔等，保护身体重点部位，还要在赛场四周设置相应的保护措施，并配备专业的医疗团队，以防发生意外事故。

短道速滑比赛统一采用起点集体出发形式，不同的项目所规定的每组参与人数不同。综合考虑比赛场地大小和安全性等因素，规定 500 米、1000 米项目每组 4 人，而 1500 米、3000 米可以增加到 6 人~7 人一组。在比赛过程中，运动员可以进行合理超越。由于该比赛项目为竞速类运动，且比赛场地较小，同组参赛人员较多，在淘汰制的激励下，竞争尤为激烈。运动员滑行过程中时常会出现阻截和夹击等战术配合，比赛画面十分精彩，具有一定的观赏价值。此外，短道速滑运动对促进人们身体健康具有重要作用，可以综合提高人体机能，增强人们的身体素质，受到广大群众的喜爱。

(三) 花样滑冰

花样滑冰是运动员穿着带有冰刀的冰鞋，在冰面上伴随音乐通过做滑行、跳跃、旋转和各种舞姿表演一系列的规定和自选动作而进行的一种冰上竞赛项目，是滑冰运动的一个分支。在国际体育分类学上属滑冰运动。目前，花样滑冰有男、女单人滑，双人滑和冰上舞蹈 4 个正式比赛项目。

花样滑冰比赛是在长 60 米、宽 30 米的长方形冰场上进行，非国际滑联举办的比赛其场地最小不得小于 56 米×26 米。

冬奥会和世界锦标赛参赛名额是根据上一年度世界锦标赛的成绩以及国际滑联的相关规定来进行计算而确定的，但每个国家和地区每项最多可参加 3 人/对。所有项目必须分别进行。男女单人和双人各包括短节目、自由滑和表演自由滑 3 项内容，冬奥会和世界锦标赛只规定短节目和自由滑。每项内容各进行 1 天，短节目在先。

短节目由规定的 3 种不同跳跃和 3 种不同旋转以及两种不同步法共 8 个动作和连接步组成。运动员自选音乐，根据要求编排一套不超过 2 分 40

秒的节目。评分包括规定动作分和表演分。裁判员依据动作质量、难度和完成情况先评出规定动作分，然后根据内容编排的均衡性和音乐的一致性、速度、姿势以及音乐特点表达等再出示表演分。

自由滑是由跳跃、旋转、步法和各种姿势组成。运动员自选音乐、根据规则编排一套均衡内容的节目。自由滑比赛的时间为男子单人和双人为4分30秒，女子单人4分钟。自由滑评分包括技术水平分和表演分。

表演自由滑是由规定数量的跳跃、旋转和步法组成，节目主要突出音乐的表达和艺术表演，其评分包括滑行技术分和表演分。比赛时间为3分30秒~4分30秒冰上舞蹈比赛由规定舞、创编舞、自由舞和表演舞4项内容组成。冬奥会和世界锦标赛只进行3项，分别在3天进行，第1天为规定舞，第2天为冰上舞蹈，第3天为创编舞。规定舞是根据规定的音乐、图案、步法和重复次数进行比赛。规定舞共有22种，每次比赛滑其中的两种。冰上舞蹈的评分包括技术分和节奏/表演分，每部分满分同样为6分。创编舞根据规定的节奏性和速度，运动员自选音乐，在规定的2分钟时间内完成一套自编的舞蹈。创编舞评两个分，即编排分和表演分。自由舞是运动员自选音乐，由各种步法、托举、小跳、姿势、握法的变换等组成一套4分钟的节目。自由舞的评分包括技术水平分和艺术印象分。

(四) 冰球

冰球，作为一项高速、激烈且富有战术性的团队运动，在寒冷的气候条件下发展并繁荣，它不仅仅是一种体育竞技，更是一种文化现象和社会活动。冰球运动以其独特的魅力，吸引了全球众多爱好者和专业运动员，其在国际体育舞台上占据着重要的地位。

1. 冰球运动的起源与历史发展

冰球运动的起源可以追溯到数百年前。最初的冰球游戏可能是由一些简单的冰上活动和游戏演变而来。随着时间的推移，这些游戏逐渐发展成为一项有组织的体育运动。冰球运动在加拿大、美国、俄罗斯等国家得到了广泛的普及和发展，并逐渐传播到世界各地。

随着冰球运动的发展，规则逐渐完善，最早的冰球比赛规则可能比较简单，但随着运动的发展，人们逐渐意识到需要制定更加详细和完善的规则来确保比赛的公平性和安全性。因此，国际冰球联合会（IIHF）等国际组织相继成立，负责制定和推广冰球运动的规则和标准。

2. 冰球运动的技战术特点

冰球运动以其高速、激烈和富有战术性的特点而著称。在比赛中，两队各 6 名运动员在冰面上进行高速的冲刺和激烈的对抗，以将冰球射入对方球门为得分手段。运动员需要具备出色的身体素质、技术水平、战术意识和团队协作能力。

在技术上，冰球运动员需要掌握滑行、急停、转身、射门、传球等基本技能，同时还要具备良好的平衡能力和灵活性。在战术上，运动员需要根据比赛形势灵活调整战术策略，包括进攻、防守、团队协作等方面。运动员之间需要通过默契的配合和有效的沟通来实现战术目标。

3. 冰球运动的训练与比赛制度

冰球，这项结合了速度与激情、力量与技巧的运动，在全球范围内都备受瞩目。为了提高运动员的竞技水平和比赛成绩，各国都在不断地优化和完善冰球训练和比赛制度。这些制度的建立和完善，为运动员的成长和冰球运动的发展提供了有力的保障。

在训练方面，冰球运动员的训练是一个长期、系统且科学的过程。基础体能训练是每位运动员的必经之路，它包括了力量、速度、耐力和灵敏度的全面提升。只有在强健的体魄基础上，运动员才能在激烈的比赛中保持优势。技术训练则专注于提升运动员的冰上技能，如传球、射门、控球、防守等。每一个动作都需要经过无数次的反复练习，才能达到炉火纯青的境地。

除了基础体能和技术训练，战术训练也是不可或缺的一部分。在冰球比赛中，团队的合作和战术的运用往往能决定比赛的走向。因此，教练团队会根据不同的对手和比赛情况，为运动员设计各种战术方案，让他们在比赛中能够灵活应变。此外，心理素质训练也越来越受到重视。在高强度的比赛中，运动员的心理素质往往能影响到他们的发挥。通过心理训练，运动员可以学会如何面对压力、调整心态，从而在关键时刻保持冷静和自信。

个性化的训练计划是每位运动员成功的关键。教练团队会根据运动员的身体条件、技术特点和心理需求，为他们量身定制训练计划。这样的计划不仅更具针对性，还能最大限度地发挥运动员的潜力，让他们在比赛中展现出最佳状态。

比赛方面，冰球运动的规则和赛制都在不断地完善和优化。国际冰球联合会作为最高管理机构，不仅负责制定和解释比赛规则，还定期举办世界锦标赛、奥运会等重大国际赛事。这些赛事不仅是各国（地区）运动员竞技交流的平台，也是展示各国（地区）冰球运动发展水平的重要舞台。

此外，各国（地区）也会举办各级别的国内赛事，为更多的运动员提供比赛机会。这些比赛不仅锻炼了运动员的竞技能力，也促进了冰球运动在国内的普及和推广。通过这些比赛，更多的青少年能够接触到冰球运动，从而培养他们对这项运动的兴趣和热爱。

4. 冰球运动的社会文化影响

作为一项广受欢迎的体育运动，冰球运动不仅仅是一种竞技活动，更是一种文化现象和社会活动。在加拿大、美国等冰球运动发达的国家，冰球已经成为人们生活中不可或缺的一部分。冰球场馆经常座无虚席，观众们为自己支持的球队呐喊助威，形成了独特的冰球文化氛围。

同时，冰球运动也承担着一定的社会功能。它为人们提供了锻炼身体、磨炼意志的平台，促进了青少年身心健康的全面发展。此外，冰球运动还培养了运动员的团队协作精神、竞争意识和自我挑战精神等优秀品质，这些品质对于个人成长和社会发展都具有重要意义。

第三节 冰雪艺术的表现形式

冰雪是大自然赠予人类的神秘礼物，冰雪艺术是人们通过对冰雪这一特殊材质的认识和加工而创作出的具有独特魅力的艺术表现形式。冰雪艺术的具体表现形式主要包括冰雪雕塑、冰雪建筑、冰雪景观等。

一、冰雪雕塑

冰雪，作为一种自然元素，自古以来就给人以无限的遐想空间。而在冰雪之中，冰雪雕塑更是将自然与艺术完美地融合在一起，展现了独特的魅力。冰雪雕塑的魅力在于其材料的独特性。冰雪的透明质感与光泽，使得每一件冰雪雕塑都如同水晶般晶莹剔透，令人惊艳。而在雕刻师的巧手下，冰雪雕塑更是一件件生动的艺术品，让人仿佛看到了冰雪的生命力。

冰雪雕塑的艺术性在于其创作过程。雕刻师们以冰雪为原料，以刀为笔，将冰雪塑造成各种形态，或抽象或具象，展现出冰雪的柔软与坚韧。在这个过程中，艺术家们将自己的情感与理念融入作品中，让冰雪雕塑成为一种富有内涵的艺术形式。冰雪雕塑还具有很强的观赏性。在冰雪艺术节上，一座座精美的冰雪雕塑成为冬日里的一道靓丽风景。人们在欣赏这些精美的艺术品的同时，也感受到了冰雪的魅力，体验到了冬季的独特风情。

此外，冰雪雕塑还具有很强的互动性。观众不仅可以欣赏到冰雪雕塑的美，还可以参与冰雪雕塑的创作。在冰雪乐园里，人们可以亲自尝试雕刻冰雪，体验冰雪雕塑的创作过程，享受到冰雪带来的乐趣。总的来说，冰雪雕塑是将自然与艺术完美融合的一种艺术形式。随着我国冰雪文化的推广和冰雪产业的快速发展，冰雪雕塑将成为我国冬季文化活动的重要内容，为广大人民群众带来更多的欢乐和美好。

二、冰雪建筑

通俗来讲，冰雪建筑就是以冰雪为原材料建造的建筑物。人们利用冰雪材料，仿造建筑物造型，打造兼具观赏和实用功能的建筑景观，通常建设在大型冰雪游乐园中，可以充分满足人们的观赏需求。冰雪建筑是由冰灯发展而来，而冰灯是东北人民在日常生活中形成的一种艺术形式。最初是人们在春节期间为了营造温馨和谐的节日氛围，利用冰制成的一种灯。制作冰灯首先要冻制冰体，然后将蜡烛放在冰体内，最后进行一些装饰，就可以制作出一盏既实用性又具有一定观赏价值的冰灯。

人们在劳动过程中，不断探索，积极创造，为冰灯创造了良好的发展环境。广大艺术工作者在长期的探索过程中，充分利用冰雪资源，实现冰雪建筑的创新发展，目前冰雪建筑已成为一张鲜明的城市名片。冰雪建筑作为广受人们欢迎的旅游项目，对促进地方经济增长、带动相关产业发展具有重要作用。由于冰雪建筑材质具有特殊性，寿命较短，但观赏价值较高，且具有较强的地域性，分布范围有限，受到社会公众的广泛喜爱，所以人们将其称为遗憾的艺术。冰雪建筑是一种全新的建筑种类，实际上，冰雪与建筑的联系并不具有必然性，但在特殊的地域和环境中，冰雪可以作为建筑材料使用，而通过建筑施工，可以建造出具有一定使用功能的建筑物。

从建造形式上来分，冰雪建筑可分为两种类型：实体与微缩型冰雪建筑和布景冰雪建筑。实体与微缩型冰雪建筑是按照实际建筑大小、体积大致相同或者按照一定的比例缩小的冰雪建筑；布景冰雪建筑则是运用一定的艺术手段而完成的作品，如平面浮雕立体造型、光影处理等，与戏剧舞台上的情景类似，只能供人们正面观赏。

（一）冰建筑

冰建筑，作为一种独特而富有创意的建筑形式，以其纯净、透明和短暂的特点，在建筑领域中占据着特殊的位置。它不仅是建筑师和艺术家们追求创新和表达个人观念的媒介，同时也是对自然环境、气候条件和人类创造力的深刻反思[1]。冰建筑的发展历史、技术特点、文化内涵以及未来前景，都为我们提供了一个全新的视角来审视建筑与环境、艺术与科技

---

[1]　参见王雄文：《冰雪与建筑》，载《建筑工人》2012年第11期。

之间的关系。

1. 冰建筑的历史与发展

冰建筑的历史可以追溯到古代。在寒冷的冬季，人们利用自然结冰的河流和湖泊中的冰块，建造简易的庇护所和临时住所。这些早期的冰建筑主要是出于生存需求，而非艺术表现。然而，随着时间的推移，人们开始尝试利用冰这种材料来创造更加复杂和精美的建筑结构。

在现代，冰建筑的发展得益于技术的进步和艺术观念的更新。建筑师和艺术家们开始运用先进的制冷技术、结构设计理念以及灯光、音响等多媒体手段，打造出规模宏大、造型各异的冰建筑。这些作品不仅美轮美奂，而且具有深刻的文化内涵和社会意义，成为冰雪旅游、文化艺术节等活动的亮点。

2. 冰建筑的技术特点与挑战

冰建筑的技术特点主要体现在材料特性、结构设计和施工技术三个方面。首先，冰作为一种建筑材料，具有独特的物理和化学性质。它透明、纯净，能够折射出迷人的光线效果，但同时也极易受到温度和湿度的影响，对施工技术提出了极高的要求。其次，在结构设计方面，冰建筑的稳定性、安全性和舒适度是需要重点考虑的因素。建筑师需要充分了解冰材料的力学性能和热学性能，通过合理的结构布局和支撑体系来确保建筑的稳定性和安全性。同时，为了提高冰建筑的舒适度，还需要考虑保温、隔热和通风等问题。最后，在施工技术方面，冰建筑的建造过程需要克服诸多困难。由于冰材料的特殊性质，传统的建筑施工方法往往难以适用。因此，建筑师和工程师们需要开发专门的施工技术和工具，如冰切割、冰雕刻、冰焊接等，以实现精确而高效的建造过程。

3. 冰建筑的文化内涵与社会价值

冰建筑作为一种独特的建筑形式，不仅具有技术层面的挑战和美感追求，还蕴含着丰富的文化内涵和社会价值。首先，它是对自然环境的尊重和顺应。在寒冷的气候条件下，人们利用自然结冰的冰块建造房屋，体现了人类与自然和谐共生的理念。同时，冰建筑的短暂性也提醒我们珍惜自然资源，关注环境保护和可持续发展。其次，冰建筑是艺术与科技的完美结合。它融合了建筑设计、结构设计、制冷技术、灯光设计等多个领域的专业知识和技术成果，展现了人类创造力的无限可能。同时，冰建筑也为艺术家们提供了一个全新的创作平台，通过冰这种纯净而透明的材料来表达内心的情感和观念。最后，冰建筑在社会经济和文化交流方面发挥着积极的作用。它作为冰雪旅游和文化艺术节的标志性项目之一，吸引了大量游客和参观者前来欣赏和体验。这不仅推动了当地旅游业和相关产业的发展，也促进了不同文化之间的交流与融合。

（二）雪建筑

雪建筑的独特之处在于其材料的独特性。人工雪经过特殊处理，具有较好的抗压性和稳定性，使得雪建筑既具有天然的观赏性，又具有实用性。而在建筑师的设计下，雪建筑成为一件件富有创意的艺术品，展示了自然与人工的和谐共生。雪建筑的创作过程独具特色。建筑师们首先将人工雪夯实，堆成巨大的粗坯。这一过程如同雕塑般，需要对雪的质地和形状进行精细的控制。随后，建筑师们利用精湛的技艺，对粗坯进行内部掏空和外部雕刻，形成独特的雪建筑。

雪建筑的魅力在于其独特的艺术价值。一座座精美的雪建筑在冬日里矗立，如同童话世界般迷人。人们在欣赏这些艺术品的同时，也感受到了大自然的神奇和冬季的独特风情。此外，雪建筑还具有很强的互动性。观众不仅可以欣赏到雪建筑的美，还可以参与雪建筑的创作。在雪雕公园里，人们可以亲自尝试雕刻雪建筑，体验创作过程，享受雪建筑带来的乐趣[1]。总之，雪建筑是将自然与人工完美融合的一种建筑形式。它以其独特的魅力、丰富的艺术性、强大的观赏性和互动性，赢得了人们的喜爱。

---

〔1〕　参见辛承虎等：《自然属性的演绎——当代雪建筑创新实践探索》，载《当代建筑》2023 年第 S1 期。

三、冰雪景观

冰雪景观在冰雪艺术中有着比较广泛的内容，它可以聚天下之胜景展大地之灵秀，亦可以小巧玲珑。在形式上主要有冰灯、冰冻花、冰挂、冰盆景和冰雪滑梯。通常是以古今传说为题材的冰雪场景、巨型雪雕和冰雪建筑群。

（一）冰灯

冰灯以冰为主要载体，最原始的冰灯是在水桶或盆等简单的模具中放清水经结冰后形成冰罩，在其内部放上油灯蜡烛而制成。现在具体的制作方法是以冰为材料，以水为黏结剂，利用砌筑、堆垒、喷浇、冷冻和镶嵌等手法制作而成。冰灯具有造型美、灯光艳的特点，可以创造出奇幻的海市蜃楼或美妙的童话世界。观赏性极强，美誉度极高。

（二）冰冻花

冰冻花又称冰花，是将鲜花、翠竹、螃蟹、游鱼和水果等分别放在不同的形状、一定体积的冰块中，经冰冻制作而成的艺术品。制作方法：选好模具，灌入清水，将灌了水的模具放入高浓度的盐水池中，池内通入氨气，使模具中的水温保持在零下8℃左右。为确保冰体透明度，模具内需要插一根导管进行通风，让流动的水冻结，当冰体冻结到一定厚度时，需要将冻的实物放置到冰壳中，全部冻实之后便可形成冰冻花。

（三）冰挂

冰挂又名冰瀑布，在冬季冰城每户人家屋檐下都会结冻冰溜，冰挂就是根据这一自然现象经喷水浇冻后形成的冰景，极富自然美感。制作方法：在山前或河中用木杆搭骨架，再挂上草帘或绑上树枝在零下20℃以下的温度条件下用清水慢慢喷浇。造冰瀑布方法：在施工现场进行就地打井，接着再安装好水泵，目的是抽出水之后用泵进行加压处理。利用胶皮管和管端安装的特制喷嘴向高处的骨架喷浇，喷嘴要求孔多且小，以便保证细水长流地喷浇。

（四）冰盆景

冰盆景是通过仿照盆景艺术用冰堆砌雕刻而成。从大的范围角度来讲，它属于冰雕的一种。树桩盆景中的树木或山石孤峰独立，重叠起伏，造型生动。

冰盆景的特点是缩龙成寸、用冰少、占地小体量小、用工少，极其适用于冰灯会的点缀。

（五）冰雪滑梯

冰雪滑梯主要是以观赏与实用为主的冰雪建筑，造型美观，可供游人在冰体上由高向低快速滑行，可以是直道、弯道、平行、中道、多道等，造型讲究，具有很高的观赏性和娱乐性。

四、冰雪艺术文化传承与发展

（一）冰雪艺术文化的形成

艺术指的是为满足人类审美、生活需求，人类生活、生产活动以特定形式形成的光辉灿烂的文明成果。而冰雪艺术指的是包含技巧和思想的冰雪活动和冰雪产品。人们对冰雪艺术的需求普遍存在于生活和工作中，且会随着人们生活水平的提升，对于冰雪艺术的需求程度越大。冰雪艺术文化是艺术的重要分支，可以有效丰富人们在冬季的活动内容，提升人们在冬季时节的生活品质。

（二）冰雪艺术文化的范围与形式

冰雪艺术文化的形式多样，包括冰灯、冰窗花、雪塑、冰景致、冰盆景、冰雕塑、冰建筑等，冰雪艺术文化的表现艺术媒介涉及的范围也很广，包括歌曲、舞蹈、冰雕、雪雕、邮票、书画、影视等，将冰雪艺术文化与其他艺术形式相结合，不仅可以提高人们的视觉、听觉感受，还可以丰富冰雪艺术文化的表现形式，加强与社会其他领域的联系，使人们更加形象、深入地了解冰雪艺术文化，提高人们对冰雪艺术文化的欣赏水平[1]。

冰雪艺术文化，同一切社会产品一样，有其自身的结构与形态、内容与形式。但冰雪艺术作品，既不同于一般的物质产品，也不同于一般的精神产品，它是一种特殊的社会产品。创造冰雪艺术作品的目的，一般来说是使人获得美感享受。但其客观效应已远远超越了自身的审美价值，而成为招商引资、繁荣经贸、吸引游客、勃兴旅游、友好往来、文化交流的重要媒介。

(三) 冰雪文化艺术景观的开发与利用

冰雪艺术景观是一种极具价值的旅游资源。冰雕、雪雕、雾凇等冰雪景观在冬季时节的各种节假日（元旦、春节、元宵节）中都会吸引全国各地的人们前来观光游览，看冰雪、赏景观、参加民俗活动。北方地区，尤其是黑龙江地区，围绕冰雪文化形成了很多极具特色的民俗习惯，如雕刻冰灯、坐雪橇、扭秧歌等。冰雪艺术文化为北方人们在农闲时间创造了更多的户外活动条件，随着公共交通的不断便利和人们经济水平的不断提高，使得冰雪文化艺术成为重要的可深入开发的旅游资源，发展前景十分广阔。

(四) 冰雪文化公共事业的建立与发展

建设冰雪文化主题公园是冰雪文化公共事业的重要组成部分，融入各种民俗体育活动，如滑雪、滑冰、"单腿驴"、滑爬犁、"抽冰猴"等。邀请大众亲自参与这些民俗体育活动，不仅可以丰富人们的活动方式，还可以让其更加直观地体会北方冰雪文化的独特魅力。通过建设冰雪文化博物馆的方式进行冰雪文化公共事业的推广，通过将各种冰雪艺术景观，北方民俗活动中使用的器具、场景进行仿制和微缩，引入博物馆，让人们在室

---

〔1〕 参见杨新、闫昱静：《冰雪文化的传承和发展》，载《辽宁经济职业技术学院·辽宁经济管理干部学院学报》2019 年第 3 期。

内就可以认识和欣赏冰雪文化相关内容。同时可以通过举办冰雪艺术相关的摄影展、工艺品展等，提高冰雪文化的活跃度，从而带动相关产业链的发展。

五、冰雪建筑具有与建筑物类似的特点

（一）按照建筑设计程序实施，具有建筑造型。

冰雪建筑发展到今天，从策划开始，便已步入了建筑设计程序，大型冰雪游乐园和滑雪场，面积都在数公顷以上，对于功能分区、空间结构、交通组织等各个方面都需要详细的规划设计，在大型单体景观创意和设计上，方案设计、结构设计、电照设计、音响设计、采暖设计等建筑设计各方面内容都要涉及，对冰雪建筑的造型、艺术效果、安全性、造价等相对于建筑设计要求要高得多。现代大型冰雪建筑的设计、施工已经完全按照建筑程序进行。大型冰雪建筑一般由从事建筑施工的企业承担建设任务，冰雪建筑大多模仿已有的建筑物以冰雪为材料搭建而成，冰雪建筑欠缺被模仿建筑物的使用功能，其价值在于供游人观赏。

（二）以观赏功能为主，具有一定的使用功能

随着社会的不断发展，人们的物质需求得到基本满足，便开始追求精神世界的充盈，为旅游业的发展奠定了基础，有利于推动冬季旅游业的发展。冰雪旅游项目可以充分满足人们的冒险精神，与人们的旅游需求相符。同时，冰雪活动使更多的人关注到了冰雪旅游项目，在社会中掀起了冬季旅游热。例如，加拿大为发展当地旅游业，用雪建造房屋，吸引外来游客。在确保冰雪建筑观赏性的基础上，增加了建筑的实用性，更接近于传统建筑。

（三）按照建筑施工要求规范冰雪工程项目

随着冰雪建筑建造技术和工艺的不断提高，冰雪建筑工程的规模也不断扩大，结构也更加复杂，已经可以建造 2 万立方米体积的单体冰建筑。

在建造大型冰雪建筑时，不再局限于冰雪材料，增加了一些传统的建筑材料，如钢、木材料等，可以增强建筑物结构的稳定性。以建筑物的具体要求为依据，并确保建筑物基础牢固、结构稳定，在短期内很难完成。因此，在建造大型冰雪建筑时，使用简单冰雪工程项目的施工方法不能顺利完成工程施工，而想要达到冰雪工程项目的设计要求，就需要调整建筑施工方式，结合建造大型冰雪建筑的实际需求，通过严格的施工组织，才能顺利完成冰雪建筑的施工工作。

六、冰雪产业文化传承与发展

（一）发挥地域优势，打造特色冰雪文化产业

北方地区拥有得天独厚的地域资源生态环境，这给冰雪文化的发展创造了良好的发展条件，由于天气寒冷，北方地区有将近半年的时间，开发各种不同品牌的冰雪产业，打造出独有特色的冰雪文化产业。特别是大型冰雪运动赛事的成功举行，不仅涉及住宿、出行等方面，而且还涉及餐饮等方面，很大程度上带动了酒店、餐饮、旅游等相关产业的发展，在此基础上，适当借鉴国外一些较为有特色的冰雪城、滑雪村等多样化产业相关经验，为进一步发展冰雪产业文化奠定良好基础。

（二）实施"北冰南展"战略，发展冰雪旅游产业

冰雪文化产业的发展很大程度上带动了冰雪旅游产业，使冰雪旅游产业得到了迅速发展，冬季冰雪旅游成为当下的时尚潮流，而且已经逐渐成为旅游产业当中的特色。因而各大城市都在纷纷打造区域内独具特色的冰雪旅游项目，开展各种丰富多彩的冰雪节，目的是快速发展冰雪旅游产业，旨在带动城市地方经济大的发展，如哈尔滨的冰雪大世界、齐齐哈尔冰雪节、长春的世界雕塑园冰雪乐园等[1]。随着北方冰雪产业的快速发

---

〔1〕 参见张继焦、侯晓晨：《新古典"结构-功能"论：从冰雪文化遗产到冰雪产业的转化》，载《内蒙古民族大学学报（社会科学版）》2023年第6期。

展，南方冰雪产业也在紧随其后，纷纷打造独有特色的冰雪旅游项目，尤其是室内滑冰场馆，已经逐渐遍布全国各地，甚至广州、深圳等城市也在纷纷建立大型的室内滑冰场馆，吸引了来自全国各地的游客，这使得冰雪文化旅游产业不再仅仅只是北方的标志，而是"北冰南展"的独有标志。

（三）树立冰雪文化品牌，促进冰雪产业多元化发展

冰雪产业要想实现长远发展，仅仅依赖现代化硬件设施等条件是远远不够的，需要在原有的基础上充分挖掘更多自然资源，打造多元化的冰雪文化产业，这有助于满足不同人群的需求。而我国由于得天独厚的地质条件，许多地区拥有着大自然奇特景观，较为知名的当属黄山雾凇、秦岭冰瀑、黑龙江雪乡等，我们应当着重于自然资源的开发与利用，并联合旅游产业相关的旅行社、自然景区相关部门、交通产业、酒店行业等，结合游客的实际需求，打造"一条龙"的旅游专线。

（四）挖掘冰雪产业资源，带动区域经济增长

随着人们生活水平的不断提高，人们对于旅游的品质逐渐升高，这就要求在挖掘各种自然旅游资源与开发各种不同旅游产业过程中，不断完善冰雪产业各种旅游基础设施与滑雪器材，加强科研人才建设，充分开发具有当地特色的冰雪文化旅游产，其中也包括具有特色的纪念品。与此同时，还要制作具有科普性的视频、短片，满足不同人群的各种需求，使游客既能够享受到优质的旅游服务，同时也能够在休闲旅游的同时学习到更多东西，充分扩展游客的视野与知识范围，多样化的旅游服务能够给游客带来更多体验，这对于发展冰雪产业与带动区域经济增长具有十分重要的意义。

（五）提高现代化管理水平，实现冰雪产业可持续性发展

随着我国经济社会的快速发展，冰雪文化产业作为新兴的旅游业态，正逐渐崛起。要实现冰雪文化产业的健康、可持续发展，我们必须坚持以人为本，安全第一，寓管理于服务之中，坚持节能环保，合理利用资源，

推进各地特色旅游业的不断发展。首先，以人为本是冰雪文化产业发展的核心。我们要在资源开发、投资决策、产品设计、生产与销售服务等环节，充分关注人的需求和安全。这意味着要确保游客在冰雪旅游过程中的安全，提供人性化的服务，让游客享受到温馨、舒适的旅游体验。同时，还要注重员工的培训和福利，提高员工的服务水平，为游客提供更优质的服务。其次，安全第一是冰雪文化产业发展的基础。我们要加强对冰雪设施的安全监管，确保设施设备的安全可靠。同时，要建立健全应急预案，提高应对突发事件的能力，确保游客的生命财产安全。在冰雪旅游项目的建设、运营过程中，注重节能减排，推广绿色环保技术，降低资源消耗。同时，要合理利用冰雪资源，发挥冰雪旅游的独特优势，推动各地特色旅游业的发展。加大对冰雪文化产业的投入、扩大经营规模，是实现冰雪文化产业可持续发展的重要途径。我们要加大对冰雪文化产业的财政支持力度，鼓励社会资本投入，推动冰雪文化产业与其他产业的融合发展。同时，要扩大经营规模，提高冰雪旅游产品的市场竞争力，促进冰雪文化产业的整体提升。

第一节　体育产业的概念

一、体育产业

（一）体育产业广义定义

体育产业是那些与体育相关的生产经营部门的总和，包括体育健身、比赛竞技、体育传媒、体育博彩业、体育用品经销业等。

通过了解，可以发现该定义最大的问题就是外延泛化。具体而言，生产物质产品的企业也被划到了体育产业的范围，但无法解释以下问题：物质产品的产品属性和服务或者劳务行业的产品属性是完全不同的，不可以相互替换，所以这两类产品与同一商品市场的产品划分标准不符；在生产技术和工艺上，物质产品与服务或劳务产品的不同也非常明显。可以说这种说法不符合经济学原理，也不符合逻辑[1]。

（二）体育产业狭义定义

体育产业是生产和提供体育服务或劳动产品的企业，或者是向全社会

---

〔1〕　参见范松梅、白宇飞：《我国体育产业结构变迁及其优化路径研究》，载《西安体育学院学报》2022 年第 5 期。

提供各种体育服务的行业。这种说法的主要特点：注重产品的非物质性，存在形式是劳务或服务，满足人们身心需要，生产过程就是消费者参与的过程。

之所以说"体育产业外延的狭义说"和产业经济学理论与逻辑学是相符的，主要是由于以下方面：

以体育服务产品或体育服务的企业为对象的生产和供应，对体育产业同质化的产品属性进行了明确定义，一些经济属性相同的产品，其定义和以商品市场为单位的产业在分工规律上是相一致的。

体育运动服务或者说劳务产品在生产过程和技术工艺上也存在一定的相似性，都以人为尺度，在投入上的需要也较为相似。体育产业可以划归到第三产业的范畴。

(三) 体育产业的体育事业说

体育产业是体育事业在社会主义市场经济条件下的运行。这种说法存在的主要问题是概念不明确，也不符合实际需要。一般地，一种研究都要以具象的现象或是抽象的内容为研究基础，对其进行高度概括。如果我们要把体育产业和体育事业放到同一层级，就会发现这两者完全不是一回事，产业指的是相同类别的经济活动的总和，而事业指的是那些公益性的组织部门的集合。

在市场经济体背景下，各行各业也都纷纷试图通过改革谋求长远发展，企图提高自身市场竞争力，倘若不进行改革，仍然采用原有的旧模式，难以适应市场经济发展需求，因而改革不仅是时代发展提出的必然要求，也是实现可持续发展的前提条件。而体育事业不同于其他的行业，它是一个涉及多方面的庞大系统，需要注入新鲜的血液也才能够促进体育行业长远发展。其中，美国 NBA 的商业运作让众人惊赞，在欣赏篮球技艺的过程中，不由得感叹它的巨大运作系统，可谓体育经济中的一个标杆，很大程度上带动了体育事业的发展。因此，体育事业应当进行深入改革，改变传统那种公益性的经营模式，突破体育事业发展瓶颈，以全新经营模式适应市场经济的发展。

（四）体育产业的体育事业可赢利部分说

体育产业的体育事业可赢利部分说从实践的角度提出体育产业是体育活动中赚取了经济利益的部分的总和，可以说是体育产业的"赢利部分"。然而，这种说法仍然存在较多的问题，较为明显的有以下三个方面：对概念的定义有一些缺陷，对事物性质的过程描述并不等于事物的本质属性特征。这种定义对新出现的或新成为体育相关部门的产业产生排斥，如现代保龄球、高尔夫服务部门等。

对产业的类型区分和层次存在边界不清的问题。在判定外延结构时只是单纯地将获取经济利益作为评定的唯一标准，并没有对第二次产业和第三次产业的划分规则引起足够的重视，按照这种逻辑，体育产业必然会回到"体育产业外延的广义说"上。

明晰其概念要从狭义与广义层面进行。体育产业从广义层面来讲，指的是全社会范围内给予体育产品的企业、相关部门的总和，囊括了体育服务业、体育相关产业。体育产业从狭义层面来讲，指的是通过体育劳务的方式给予消费者体育服务产品生产的企业以及相关部门的综合。

从宏观层面来说，体育产业是一种新的产业形态，它随着社会经济的不断发展而出现，是由自给自足的模式向有组织的生产性、消费性、营利性组织运行模式转型的产物。用一句话说，体育产业就是体育用品生产和销售的企业的集合。

二、体育产业的分类

（一）体育本体产业

"体育本体产业"，作为体育产业的核心组成部分，涵盖了以体育竞技、健身休闲和体育培训为主要内容的经济活动。它是体育产业中最为基础、最为直接，也是最具活力的部分，对于推动体育事业的发展、提升国民身体素质和促进经济社会发展都具有重要的意义。以下是对体育本体产业的深入剖析。

1. 体育本体产业的内涵与外延

体育本体产业内涵主要包括体育竞技表演、健身休闲活动、体育教育培训等，外延则涉及体育场馆建设与管理、体育用品制造与销售、体育彩票等相关领域。这些领域共同构成了体育本体产业的完整生态链。

2. 体育本体产业的地位与作用

国民经济新的增长点：随着人们生活水平的提高和健康观念的增强，体育消费逐渐成为新的消费热点，体育本体产业在国民经济中的地位不断提升，成为新的经济增长点。

促进就业和创业：体育本体产业的发展为社会提供了大量的就业机会，包括运动员、教练员、裁判员、赛事运营人员等。同时，它也为有创业意愿的人提供了广阔的创业空间。

提升国民身体素质：通过广泛的健身休闲活动和专业的体育培训，体育本体产业在提高国民身体素质和健康水平方面发挥着不可替代的作用。

弘扬体育文化：体育赛事和健身活动不仅是体育竞技的展示，也是体育文化的传播平台。通过参与体育活动，人们可以感受到体育精神的力量，增强民族自豪感和文化自信心。

（二）体育相关产业

"体育相关产业"是一个涵盖广泛的术语，指的是与体育活动、体育赛事、体育组织以及体育参与者相关的各种产业和经济活动。这些产业和活动以体育为核心，围绕其展开，为体育的运行和发展提供支持和保障。

体育用品制造业：生产各种体育用品和装备，如运动服装、运动鞋、健身器材、运动器械等。

体育场馆建设和运营：体育场馆、健身房、游泳池、运动场等的建设和运营，以及相关的设施管理和维护。

体育赛事组织和运营：职业联赛、业余比赛、综合性运动会等各类体育赛事的策划、组织、宣传和实施。

体育媒体和传播：体育新闻、赛事转播、体育节目制作和播出等，涉及电视、广播、报纸、杂志、互联网等多种媒体形式。

体育旅游和休闲：体育主题公园、户外运动基地、体育度假村等旅游和休闲项目的开发和运营。

体育教育和培训：学校体育教育、职业运动员培训、社会体育培训等，涉及教练员、裁判员、运动员的培养和管理。

体育科研和技术服务：运动生物力学、运动医学、运动营养学等科研领域的研究和技术服务，以及体育器材和装备的研发和生产。

体育彩票和博彩业：体育彩票的发行和销售，以及与体育赛事相关的博彩活动。

体育赞助和广告业：企业或个人对体育赛事、运动队或运动员的赞助，以及与体育相关的广告宣传和推广活动。

(三) 体育边缘产业

"体育边缘产业"可以被理解为体育产业与其他产业部门相结合的产物。这些产业部门以体育为服务对象或内容，与体育产业存在密切联系，但在性质上又不完全属于体育产业。具体来说，体育边缘产业包括体育彩票、体育旅游、体育新闻媒体、体育经纪人、体育保险以及体育纪念品的生产与销售等行业。这些行业为体育活动提供了重要的支持和保障，同时也从体育产业的发展中获得了新的发展机遇。

三、体育产业的属性

体育产业是指以体育为核心的产业群体，包括体育赛事、体育用品制造、体育培训等多个领域。随着人们健康意识的增强和生活水平的提高，体育产业得到了迅猛发展。体育赛事作为其中的重要组成部分，吸引了大量观众和赞助商的关注。例如，足球世界杯、奥运会等国际盛事每四年一次，不仅成为各国民众的狂欢节，也为主办国带来了巨大的经济效益。此外，体育用品制造业也是体育产业的重要组成部分。随着人们对健康生活的追求，运动装备和器材的需求量不断增加，推动了体育用品制造业的发展。体育培训作为体育产业的延伸，也受到了广大人民群众的青睐。越来越多的人参与各种体育培训，提高了自身的身体素质，也为体育产业的发展注入了新的动力。

社区里的体育运动设施是社会公益事业的一部分，学校里的体育运动和大众体育是体育产业最基本的组成部分；体育产业是市场的产物，属于社会经济生活中的第三产业。事实上，体育的本质是一种社会生活的人的专体活动，从科学发展观的角度来看，最直接地体现了以人为本、人的全面协调和可持续发展，因此需要体育和社会生命体——人，共同发展与培养。在实际条件下，体育和体育产业的成长必须坚持以人为本，以满足高层次的需求——实现身体健康，享受生活，提升生活品质，打造现代生活方式。这是一个共同的任务也是发展体育产业的目标。

人们对体育产业的认知和体育产业的社会属性有不同的看法，这种分歧是一种正常现象，因为对主体认识的差异性，体现在理解上会有所不同。在社会理论领域，特别是在经济学领域，体育产业一般归结为具有服务属性的第三产业。国民经济计划公报也将其列入第三产业（体育事业也属于这一类）。这种现象是正常的，但也是一种传统观点。从历史发展和认识过程看，这是不可避免的，有其特定的原因。

从现代市场经济条件下体育产业的出现、发展和升级来看，把体育作为第三产业（体育和体育产业）分类过于简略，也不太符合体育产业在现实中的实际情况。作为经济社会的众多产业之一，体育产业的结构和运转规律要被众人了解、弄懂并掌握、运用需要一个漫长过程。根据体育产业属性与综合操作规则的结构特点，体育产业不应被归为第三产业。

体育产业集成了独特的属性，它不属于第一产业，也不属于第二产业、第三产业，可以概括为第四个产业。第四产业指包括农业产业化属性、技术等多元化的商业信息，又与第一产业、第二产业、第三产业具有实质性的不同程度的联系，所以把它放在社会经济生活中的第四产业是比较科学的。因为它反映了体育产业在市场经济中的独特性，不仅符合科学发展观的基本属性，也符合全面并协调发展的要求，能够可持续地发展下去。并且，体育产业反映了体育在市场经济活动中主体与客体相一致的前提和其相互依存、互相转化的作用。

四、体育产业的特征

（一）体育事业和体育产业

体育事业与体育产业，虽然在表面上看似紧密相连，实则具有截然不同的内涵、外延、目标、运作方式以及社会价值。以下是对两者进行深入探讨的学术性描述。

1. 概念与内涵

体育事业，从广义上讲，是指以促进人的全面发展和社会进步为目标，通过组织、管理和实施各类体育活动，满足社会日益增长的体育需求的社会公益事业。它涵盖了体育教育、体育科研、体育竞赛、群众体育等多个方面，强调的是体育的公益性、社会性和福利性。

体育产业，是指从事体育劳务（服务）生产与经营，以满足人们体育娱乐、健身需要的体育部门和机构的总称。它涵盖体育劳务（或服务）的生产经营活动的集合。

2. 目标与任务

体育事业的主要目标是提高国民身体素质和健康水平，促进人的全面发展和社会进步。它承担着培养体育人才、推广体育运动、提高竞技水平等任务，旨在通过体育的力量，增强民族凝聚力，提升国家软实力。

体育产业的主要目标则是通过提供高质量的体育产品和服务，满足消费者的多样化需求，实现经济效益最大化。它通过市场机制，激发企业和个人的创新活力，推动体育产品和服务的不断创新和优化。

3. 运作方式与发展动力

体育事业主要依靠政府财政拨款和社会捐赠等公益性质的资金来源进

行运作。它强调政府的主导作用，通过行政手段进行资源配置和管理，以确保公共体育服务的公平性和普遍性。

体育产业则主要依赖市场机制进行资源配置和管理。它以企业为主体，通过市场竞争实现优胜劣汰和资源配置的优化。政府在其中主要扮演监管者和引导者的角色，通过制定相关政策法规，营造公平竞争的市场环境。

4. 社会价值与影响

体育事业的社会价值主要体现在提高国民身体素质和健康水平、促进社会和谐与进步等方面。它通过提供公共体育服务，普及体育运动，培养人们的健身意识和运动习惯，从而为社会创造巨大的健康红利[1]。

体育产业的社会价值则主要体现在创造经济效益和增加就业机会等方面。它通过提供多样化的体育产品和服务，满足消费者的个性化需求，推动相关产业的发展和经济增长。同时，体育产业也为社会提供了大量的就业机会，为缓解就业压力作出了积极贡献。

5. 互动与融合

尽管体育事业和体育产业在目标、运作方式等方面存在差异，但两者在实际发展中存在紧密的互动与融合关系。一方面，体育事业的发展为体育产业提供了广阔的市场空间和消费群体；另一方面，体育产业的快速发展也为体育事业的推进提供了有力的物质保障和技术支持。因此，在推动体育事业和体育产业发展的过程中，应注重两者的协调与融合，以实现相互促进、共同发展的良好格局。

(二) 国内体育产业的主要特征

1. 政策驱动与市场化并存

我国体育产业在政策驱动与市场化的双重影响下快速发展。近年来，我国政府相继出台了一系列支持体育产业发展的政策措施，包括加大财政

---

〔1〕 参见郑花：《竞技体育的社会文化价值管窥》，载《运动》2019 年第 2 期。

投入、提供税收优惠、鼓励社会资本参与等，为体育产业的快速发展提供了有力保障。同时，随着市场经济体制的不断完善，体育产业的市场化进程也在加速推进，市场竞争日益激烈，企业主体地位不断凸显。

2. 多元化与专业化并行

我国体育产业在发展过程中呈现出多元化与专业化并行的特征。一方面，体育产业涉及的领域不断扩大，涵盖了体育用品制造、体育场馆建设与管理、体育赛事运营、体育媒体与传播等多个方面，形成了多元化的产业结构。另一方面，体育产业在专业化的道路上不断迈进，各类专业体育俱乐部、专业体育培训机构等不断涌现，为提升体育产业的专业化水平提供了有力支撑。

3. 创新驱动与科技引领

我国体育产业在发展过程中注重创新驱动和科技引领。一方面，通过不断推动体育科技创新，提升体育产品和服务的科技含量和附加值，满足消费者的个性化需求。另一方面，积极应用大数据、人工智能等先进技术，推动体育产业数字化、智能化发展，提高体育产业的运营效率和经济效益。

4. 跨界融合与协同发展

我国体育产业在发展过程中呈现出跨界融合与协同发展的特征。一方面，体育产业与其他产业领域的跨界融合日益加深，如体育与旅游、体育与文化、体育与教育等领域的融合，为体育产业提供了新的发展动力和空间。另一方面，体育产业内部各领域之间的协同发展也在不断加强，形成了相互促进、共同发展的良好格局。

5. 国际化与本土化并重

我国体育产业在发展过程中注重国际化与本土化并重。一方面，积极引进国际先进的体育理念、管理经验和优质资源，提升我国体育产业的国际竞争力。另一方面，充分挖掘和利用本土的体育资源和文化优势，打造具有中国特色的体育品牌和产品，推动我国体育产业在国际市场上占据一席之地。

第二节　体育产业的前进步伐

一、体育产业发展的历史

(一) 国际体育产业的形成

从一些现有的文献可以了解到，现代体育和体育产业的产生都来自英国。比如说，现代足球就起源于英国。后来，现代足球和一些其他流行于英国上流社会的运动项目逐渐传入了其他的国家和地区，并被世界各地的人民赋予了各自的民族特色，而这些运动项目的传播与流行，正为体育产业的形成和发展创造条件。

体育产业最早是一个英国贵族的新尝试，他第一次将企业管理的一些制度运用到了俱乐部的管理上，并且因为取得了前所未有的经济效益，而被其他人争先效仿。国外的体育产业就是在这样的一个背景下产生的，这同时也反映了管理制度在体育事业经营上的重要性。

在美国，许多效仿英国赛马俱乐部管理方式的俱乐部都因资金问题而倒闭，但是其中有一家企业采用了收取门票费用来盈利的方式，取得了良好的收益效果。美国商业化的历史进程是非常值得其他国家和地区借鉴学习的。以全球体育营销巨头国际管理集团（IMG）为例，IMG目前的规模和地位，可以利用全球的资源、专业经验及人脉关系，为客户挖掘最大的潜能。

(二) 国际体育产业的前进

奥运会、网球联赛、体育联盟、世界杯、超级碗等竞技体育赛事都具有极大的商业价值，这也是体育产业中盈利巨大的重要环节。除了竞技体育，群众体育也是体育产业发展中不可或缺的一部分。群众体育在商业化的道路上，起步晚于竞技体育，但是由于群众这个庞大的消费群体，以及群众体育其本身所蕴含的巨大商业价值，其发展迅速。体育健身行业的发展甚至已经超过竞技体育行业，成为体育产业的新兴支柱产业。

二、体育产业发展特点

1. 产业结构优化升级。近年来，我国体育产业结构不断优化，从以体育用品制造为主导逐步向体育服务、体育用品制造和体育用品销售并重的方向发展。特别是冰雪体育产业，在国家政策的推动下，产业链逐渐完善，涵盖了冰雪运动培训、器材制造、赛事运营、旅游度假等多个领域。

2. 市场潜力巨大。我国人口众多，体育消费需求日益增长，市场潜力巨大。尤其是在冬奥会成功举办和"带动三亿人参与冰雪运动"的倡导下，冰雪体育产业市场前景广阔，吸引了众多企业和个人投资。冰雪体育产业链逐步拓展，涵盖了冰雪运动培训、器材制造、赛事运营、旅游度假、文化传播等多个领域。在政策支持和市场需求的双重推动下，我国冰雪体育企业加大技术创新和品牌培育力度，产品质量和服务水平不断提升，国际竞争力逐步提高。

三、体育产业发展趋势

随着科技的发展和消费者需求的多样化，体育产业将进一步与其他产业深度融合，如科技、文化、旅游等，实现产业链的拓展和升级。体育产业将借助大数据、物联网、人工智能等先进技术，实现产品智能化、服务个性化和管理精细化，提高产业效率和用户体验。随着市场竞争的加剧，冰雪体育产业的品牌竞争将更加激烈。企业需加大品牌培育和宣传力度，提高品牌知名度和美誉度，以抢占市场份额。在国家层面，将进一步加大对体育产业的支持力度，包括政策、资金、土地等方面，推动体育产业高质量发展〔1〕。综上所述，我国体育产业尤其是冰雪体育产业呈现出良好的发展态势。在政策扶持和市场需求的推动下，冰雪体育产业有望实现快速发展，为我国经济增长贡献更多动力。

---

〔1〕 参见刘彬、秦国阳：《"十四五"时期我国群众体育与体育产业共生发展趋势与优化路径研究》，载《安徽体育科技》2023 年第 3 期。

四、我国体育产业的产业结构

(一) 产业结构的调整将使体育产业成为我国产业发展重点

随着全球经济结构的深刻变革和产业调整的加速推进，体育产业正逐渐崭露头角，成为引领未来经济发展的重要力量。特别是在我国，随着产业结构的持续优化和升级，体育产业已显露出巨大的增长潜力，有望成为我国产业发展的重点领域。

1. 产业结构调整背景下的体育产业

当前，我国正处于经济转型升级的关键阶段，传统的产业增长动力逐渐减弱，新兴产业和现代服务业成为推动经济增长的新引擎。在这一背景下，体育产业以其独特的魅力和巨大的市场潜力，日益受到政府和社会的广泛关注。体育产业不仅涵盖了体育用品制造、体育赛事运营、体育场馆建设等传统领域，还拓展到体育旅游、体育媒体、体育科技等新兴领域，呈现出多元化、综合性的发展态势。

2. 体育产业在我国产业发展中的战略地位

促进经济增长：体育产业作为现代服务业的重要组成部分，具有产业链长、附加值高、带动作用强等特点，对于促进经济增长、优化产业结构具有重要作用。随着体育消费市场的不断扩大和体育产业的快速发展，体育产业有望成为我国经济增长的新动力。

提升国际竞争力：体育产业是国际竞争的重要领域之一。发展体育产业，不仅有助于提高我国在国际体育事务中的话语权和影响力，还能通过举办国际体育赛事、开展国际体育交流等活动，提升我国的国际形象和软实力。

推动社会进步：体育产业在促进人的全面发展和社会进步方面具有不可替代的作用。通过普及体育运动、提高竞技水平、弘扬体育精神等措施，体育产业能够推动社会文明进步，提高国民身体素质和健康水平。

3. 产业结构调整对体育产业的促进作用

政策支持：为推动体育产业的快速发展，我国政府出台了一系列支持政策，包括财政投入、税收优惠、土地供应等方面的倾斜政策，为体育产业的发展提供了有力保障。

市场驱动：随着居民收入水平的提高和消费观念的转变，体育消费需求不断增长，为体育产业的发展提供了广阔的市场空间。同时，市场竞争的加剧也促使体育企业不断创新和优化产品和服务，推动体育产业向更高层次发展[1]。

科技引领：现代科技的发展为体育产业注入了新的活力。大数据、人工智能等技术的应用，为体育产业的数字化、智能化发展提供了有力支撑，推动了体育产业的技术创新和模式创新。

（二）我国城市化建设和体育产业间的良性互动有效推进了体育产业平稳的发展

健康问题是广大人民群众十分关注的问题，所以运动、体育这些有利于人的健康的项目也为人们积极关注。人们解决了温饱问题，才会进一步去考虑健康、生活质量的问题。因此，要想更多人通过体育来强健自己的体魄，首先要让人民解决自己的基本生存问题，这就需要国家经济进一步发展，提高人民的生活水平，从而使人们进一步关注体育运动。体育运动能给人们带来健康，体育产业能带动整个地区周围经济的发展，从而优化人民群众的居住条件和生活环境，不仅让周边的人获益，还能吸引更多的投资，从而促进体育产业的发展。这样，就形成了一个非常良性的循环，从而促进整个国家经济的发展和壮大。体育赛事所具备的商业价值和良好的社会效益是无法替代的。

其一，举办一场体育赛事，可以吸引广大的人民群众，特别是该赛事

---

〔1〕　参见曾鑫峰：《消费升级、产业结构调整对体育产业就业效应的影响研究》，载中国体育科学学会：《第十二届全国体育科学大会论文摘要汇编——专题报告（体育产业分会）》，2022年第十二届全国体育科学大会。

的忠实粉丝，仅仅在门票方面的收入就是非常可观的。其二，庞大的消费群体也增加了赞助商的投资选择，越受关注、观众越多的体育赛事，越证明了这场比赛所包含的商业价值。其三，体育赛事的举办可以促进城市的发展，拉动城市的经济，优化城市的经济建设。因此，体育赛事对体育产业的促进作用是非常重要的。体育事业发展的专业人才本来就十分匮乏，所以具备较好能力的从业人员，一定会去更大、更先进化的城市寻求更多的机遇。

因此，城市化进程有利于吸引更多体育专业人才。城市化进程也意味着更加完备的体育硬件设施，即设施完备的体育场馆，以及先进的体育设备。只有硬件设施和软件设施都完备，才更符合城市化的要求。随着我国经济的持续发展和人民生活水平的不断提高，体育产业作为新兴产业得到了广泛关注和重视。在国家政策的扶持下，我国体育产业呈现出良好的发展态势，逐步形成了以健身、竞技、休闲、产业为核心的发展格局。后文将分析我国体育产业发展的特点、现状及发展趋势，为冰雪体育产业的发展提供理论依据。

第三节　我国体育产业发展存在的问题及发展

一、我国体育产业发展存在的问题

我国体育产业的改革和体育产业运行机制的变革，一直以来都是优化体育产业的重要环节。虽然改革开放至今，我国在体育产业相关机制上的改革中走了不少的弯路，但是从中吸取的经验有利于我国体育产业未来的发展。因此，我们应该总结现有的问题，通过解决这些问题来促进我国体育产业的发展。我国体育产业还处在发展的初级阶段，实践中也存在一系列亟待解决的矛盾和问题，归纳起来主要有以下几方面。

（一）体育产业发展规模较小，且不够成熟

我国体育相关产业包括体育中介、体育用品和服装制造、体育用品和服装销售等九大类，但是它们目前都存在规模较小、发展还不够成熟的问题。其实，我国的经济产业在很多方面都存在不足，还在努力探索中，而体育产业作为一个比较边缘化的产业，发展更是不够成熟。我国的体育市场经过各界多年的不懈努力已经具备了一定的规模，其成熟程度还远远不够。体育产业从萌芽阶段走到新常态阶段，不断地积累着各方面持续发展的实力，不够成熟和规模较小也只是一个比较短期的问题。

（二）体育产业的产业结构不合理

我国的体育产业虽然已达到一定水平，并取得了一定成果，但是在体育产业的结构上仍然存在不合理的情况。

1. 竞技体育产业与群众体育产业的不协调发展

体育健身休闲服务业的发展没有得到足够的重视，从而导致其发展停滞不前，同时这也是现阶段体育产业中的较大短板。在国际社会中，体育健身休闲活动发展火热，在整体体育产业中的地位也在逐渐提升，甚至有超过体育赛事活动的趋势。我国体育事业发展过程中出现了缺乏全民健身的相关政策和具体举措、仅强调竞技体育的社会价值而忽略了群众体育产业的宣传等问题。这些问题的出现使人们意识到，体育消费能力不足并不是群众体育产业的发展受限的唯一原因。竞技体育产业与群众体育产业发展的不协调，不仅仅是体育界需要思考和解决的问题，更应该从政府职责的视角出发，大力推广全民健身，满足人民群众在体育方面的根本需求。

2. 地区间产业发展极不平衡

现代体育产业是体育和经济结合发展的产物，其经济功能就是体育和经济有效互动产生的经济社会价值。体育产业在东南沿海地区是投资的热门对象，发展自然非常快；西部地区在体育上的投资较少，加上西部地区经济水平有限，因此造成其体育产业发展相对缓慢。长江经济带是我国最具影响力的内河经济带，现代体育产业在各个层面的经济功能都对长江经济带有很大影响。长江经济带凭借其优良的地理位置，成为我国综合实力、发展潜力等方面都很强的区域之一。虽然长江经济带处于经济的转型期，发展起来存在诸多难题和矛盾，但这既是一种挑战，也是一种机遇，把握好这个特殊时期的发展机遇，对于我国体育产业的发展具有巨大的推动作用。体育产业协调发展，是我国体育产业未来发展过程中的重大议题。

3. 体育主导产业和部分产业发展缓慢

在体育产业的发展中，体育主导产业和部分产业发展缓慢是一个复杂且多元的现象。这种缓慢不仅体现在增长速度、市场份额扩张、创新能力及核心竞争力等方面，还涉及政策扶持、市场需求变化、资源配置、技术创新等多个层面。深入分析其原因，可能包括政策扶持不足、市场需求变化导致的战略调整滞后、资源配置不合理以及技术创新滞后等。同时，部分体育产业发展缓慢也表现为市场规模有限、产业链不完善、品牌影响力不足等，这可能与行业准入门槛高、资金投入不足、人才短缺以及市场竞争激烈等因素有关。为应对这些问题，需要政府、企业和社会共同努力，通过加强政策扶持、优化资源配置、推动技术创新和品牌建设等措施，促进体育产业的全面协调发展。此外，还应加强国际合作与交流，学习借鉴国际先进经验和技术成果，提升我国体育产业的国际竞争力。

4. 体育产业结构关联效应较低

体育产业在现代经济中占据着非常重要的地位，其发展速度也是惊人的。目前，我国已是一个体育大国，竞技体育、群众体育、学校体育等都发展得比较好，但是体育产业的发展水平有待提高。体育产业相较于其他的体育事业，或者相比于其他的经济产业，它的发展都是很不成熟的。因此，体育产业结构的关联效应也比较低。体育产业结构关联效应较低，究其主要成因就是我国体育产业发展的不健全、管理体制不完善、体育各部门之间的关联性受到不同程度的削弱等，这也是我国体育产业结构关联强度偏弱、发展受限的主要原因。

（三）缺乏体育产业相关的专业人才

在体育产业的持续发展中，缺乏体育产业相关的专业人才已成为一个亟待解决的问题。体育产业作为一个综合性强、涉及领域广泛的产业，对人才的需求呈现出高度的专业化和多元化。然而，当前体育产业人才供给不足、结构不合理以及培养体系不完善等问题，严重制约了产业的进一步发展和提升。这些问题不仅影响了体育产业的创新能力和核心竞争力，也导致服务质量下降和难以满足消费者多样化需求。在数字化、智能化等技术变革的推动下，缺乏具备新技术应用和创新能力的专业人才将阻碍体育产业的转型升级和国际化进程。为应对这一挑战，需要政府、高校、企业和培训机构等多方共同努力，通过完善人才培养体系、加大人才引进力度、促进人才交流与合作以及激发人才创新活力等措施，全面提升体育产业人才队伍的素质和能力。只有这样，才能为体育产业的健康快速发展提供强有力的人才支撑，推动我国体育产业在国际竞争中取得更大的优势和成就。

（四）市场管理的法治化、规范化程度还不高

市场管理的法治化、规范化程度还不高，主要表现在：首先，体育产业管理体制的问题，地方保护主义、传统的管理体制不适应当代发展要求等；其次，准入门槛的问题，门槛过高不利于体育产业的发展，无法壮大体育产业的发展规模；再其次，缺少扶持政策、优惠政策等，鼓励大众进入体育产业的相关政策是至关重要的；最后，一个完整、系统的监察体系也是十分重要的，这是一个产业要良性发展最基本的条件，也是至关重要的条件。

二、我国体育产业发展的对策

（一）进一步加强体育管理体制和运行机制的改革

稳步推进体育场馆运营、单项体育协会和职业体育等领域改革。对行政机关和事业单位所属的体育场馆，通过引入社会资本和现代公司化运营机制等，推广"所有权属于国有，经营权属于公司"的分离改革模式。落实《行业协会商会与行政机关脱钩总体方案》，做好单项体育协会改革试

点工作。制定和完善职业体育专项政策，鼓励和支持有条件的体育项目向专业化、高水平的道路前进。通过建立职业化的俱乐部、联盟等来提高专业水平，走向更大的发展平台。

1. 为体育产业发展创造良好的政策氛围

对于一个产业的发展，最基本也最重要的就是政策的支持。一个良好的政策，对于体育产业的发展有着巨大的推动作用，也是其能够长期持续发展的基本保障。体育产业作为一个处在转型期的产业，更需要国家政策的扶持。不仅要有扶持体育产业的政策，还应该为体育产业的发展创造良好的政策氛围。良好的政策氛围不仅能保证体育产业长足地发展，还能使体育产业的发展更具活力和动力，从而使体育产业成为我国的一个不可或缺的经济增长点。

（1）制定调整体育产业结构政策

优化产业布局：我国体育产业的分布和发展情况，在不同的地区有很大的差异，因此应该优化产业布局，使国内的体育产业发展水平有整体的提高。抓好潜力产业：深入挖掘具有发展潜力的体育相关产业，并通过政策的扶持大力发展。改善产业结构：一个健全的产业结构，以及合理的产业比重对于体育产业的发展来说是至关重要的。

（2）建立健全相关的财政税收政策。

只有根据不同体育相关产业的不同特点，制定合理的财政税收政策，才能使体育产业的发展更加合理。针对一些门槛比较高、成本比较高的体育产业，应该采取优惠的财政税收政策，这样才能鼓励更多的社会力量进入体育产业这个行业。还应该针对一些恶性竞争、市场乱象、产业畸形的问题，制定相关的财政税收政策来辅助调节。

（3）完善相关的投资和融资政策

我国的体育产业在投资和融资方面的政策还有待完善。投资融资的方式应该是多元的，应该打破原有的局限，提出更多样化的投资和融资政策。体育产业作为国家的一个重要经济来源，完善相关的投资和融资政策，其实就是大大增加了国家体育产业的经济来源，从而促进体育产业的发展。

2. 制定体育产业战略规划

切实落实现行国家支持体育产业发展的税费价格、规划布局与土地政策，加大对政策执行的跟踪分析与监督检查。进一步与有关部门合作，使与体育产业相关联的政策措施被更加全面、合理地制定出来，并且能够被更加有效地执行。推动社会广泛关注的赛事转播、安保服务、场馆开放和资产统计等政策的创新，加强对竞赛表演、健身休闲等市场的引导，以及对高危险性体育项目的监管。

3. 建立社会主义体育市场经济体系

现阶段，城乡二元经济结构正在以非常快的速度转变为城乡协调的一体化发展，力争实现乡村和城市之间的平等和互补，建立社会主义体育市场经济体系。城乡一体化对于乡镇居民来说，可以提高乡镇居民对体育产业的认知度，从而提高他们进入体育产业的积极性，还可以促进体育产业在基层农村的普及和发展。而对于城市居民来说，城乡一体化有助于与乡镇居民的协调合作，有助于与乡镇居民的优势互补，从而全面提高体育产业化的认知度，更加全面、协调地发展体育产业。城乡一体化的迅速发展为体育产业均衡发展和建设社会主义体育市场经济体系提供了更多的选择。

4. 建立健全体育产业经营管理法规制度

在商业化元素的催化下，在伴随着经济利益的同时，体育产业也滋生了相关的法律问题，为了能够发挥市场的资源配置作用，政府有必要对体育产业制定相关的法律法规体系。在体育产业发展的早期，由于未涉及商业化问题，体育产业的立法也未形成。在体育产业发展的中期，我国体育事业突飞猛进，商业化元素越来越多，体育已成为一种产业，并得到快速的发展，但由于体育产业立法的滞后性，体育产业出现了较大的法律问题。虽然我国 1995 年颁布的《中华人民共和国体育法》（以下简称《体育法》），对体育产业法律问题有了较大的缓解和改善，但是仍存在立法滞后，不能适应产业发展的需要，体育法律规范性较低、冲突较大、约束性差，体育法律与其他法律间缺少衔接等问题。因此，放眼体育产业长期发展的目标，只有制定相关的法律法规体系，才能确保我国体育产业健康持续地发展。

（二）引导体育消费，发展体育产业市场

引导体育消费，发展体育产业市场，深挖消费潜力，完善消费政策。政府应通过媒体积极的宣传，并提供正确的引导，使群众树立积极、正面的消费观。通过多方的共同努力，从国家层面及群众层面，让更多人意识到健身的重要性。

1. 挖掘产品内在潜力，增强国际竞争力

（1）将体育用品的经营方式转变为集约化运作的方式

在体育产业不断壮大的背景下，将体育用品的经营方式转变为集约化运作的方式，已成为推动体育用品市场持续发展的重要策略。集约化运作，以其高效、专业、规范的特点，为体育用品的生产、销售和管理等各个环节注入了新的活力。通过集中采购、生产、销售等核心环节，集约化运作能够实现资源的优化配置，降低生产成本，提高生产效率，从而在激烈的市场竞争中获得更大的优势。同时，集约化运作还有助于提升体育用品的品牌形象和市场竞争力，通过统一的标准和规范化的管理，为消费者提供更高品质的产品和服务。然而，在实际推行集约化运作的过程中，体育用品企业也面临着诸多挑战。如何实现不同环节之间的有效协同和资源整合，如何在规模扩张的同时保障产品品质，以及如何应对市场需求的多样性和变化性等问题，都是企业在实施集约化运作时需要认真思考和解决的问题。为了克服这些挑战，体育用品企业需要加强内部管理，优化供应链管理，注重品质管理，并密切关注市场动态。

（2）提高国产品牌支持力度和企业在国际上的竞争力

创办我国自主知识产权的民族品牌和企业，建立健全产品的售后保障和跟踪服务，确保产品质量、加大品牌宣传力度、拓宽宣传手段，以及加大保护品牌的力度，都为我国的体育产业在国际的竞争提供了强有力的支

撑。品牌的脱颖而出最重要的是品质、口碑及鲜明的品牌特色，有个性、有特色的企业才称得上是一个品牌企业，同时质量和口碑的优秀也是获得大众认可的必要条件，即树立品牌的必要条件。在企业产品品牌的创建初期，各级政府在宣传等方面的帮助是至关重要的。

（3）增加产品中的科技含量，将更多资金投入新型、绿色产品的研发

随着科技的日新月异和环保意识的逐渐加强，体育用品行业正面临着前所未有的机遇与挑战。在这个背景下，"增加产品中的科技含量，将更多资金投入新型、绿色产品的研发"不仅是一个迫切的需求，也是推动体育用品行业可持续发展的关键路径。

①科技含量提升与体育用品产业升级

体育用品作为人们参与体育活动的重要装备，其性能、舒适度、安全性等方面的要求日益提高。通过增加产品中的科技含量，可以有效提升体育用品的性能和品质，满足消费者日益增长的需求。例如，在运动鞋的设计中引入先进的材料科学、生物力学等科技成果，可以大幅提升鞋子的缓震性、支撑性和舒适度；在健身器材中融入传感器技术和数据分析算法，可以帮助用户更加科学、高效地进行锻炼。

科技含量的提升不仅有助于优化产品性能，还能够推动体育用品产业的整体升级。通过引入先进的生产技术和管理模式，可以实现生产过程的自动化、智能化和绿色化，提高生产效率，降低能耗和排放，从而增强企业的核心竞争力。

②新型绿色产品研发与体育用品产业可持续发展

在全球环保浪潮的推动下，绿色、低碳、可持续已经成为各行各业发展的共同目标。对于体育用品行业而言，研发新型、绿色产品不仅是响应环保号召的需要，更是抢占市场先机、赢得消费者青睐的关键。

新型绿色产品的研发需要企业在材料选择、生产工艺、包装设计等各个环节进行全面创新。例如，采用可降解或可循环利用的材料制作运动装备，利用清洁能源进行生产，减少化学处理剂和有害物质的使用，优化包装设计以减少资源浪费等。这些措施不仅有助于降低产品的环境负荷，还

能够提升产品的环保形象和市场竞争力。

此外，新型绿色产品的研发还可以推动体育用品产业链的协同创新和绿色发展。通过与供应商、销售商等合作伙伴共同开展绿色研发和生产合作，可以形成绿色供应链和价值链，共同推动行业的可持续发展。

③资金投入与科技创新的良性循环

要实现产品中科技含量的提升和新型绿色产品的研发，必须有足够的资金投入作为保障。资金是企业开展科技创新和绿色研发的重要支撑，也是推动企业持续发展的动力源泉。

体育用品企业可以通过多种渠道筹集资金，包括自有资金、银行贷款、风险投资等。在资金投入方面，企业应注重资金的有效利用和管理，确保资金能够投入科技创新和绿色研发的关键领域和重点项目上。同时，企业还应建立健全的科技创新和绿色研发激励机制，吸引和留住优秀的人才团队，为科技创新和绿色研发提供源源不断的人才支持。

通过增加产品中的科技含量和研发新型绿色产品，体育用品企业不仅可以提升产品的竞争力和市场份额，还能够为企业的长远发展和可持续发展奠定坚实基础。同时，这也是响应全球环保倡议、推动体育产业绿色转型的重要举措。因此，体育用品企业应积极拥抱科技创新和绿色发展理念，加大资金投入力度，不断提升自身的研发能力和创新实力，为体育用品行业的可持续发展做出积极贡献。

(三) 增强群众日常健身的意识，推动体育市场的发展

群众作为参与体育运动的主体，在体育产业发展过程中具有举足轻重的地位，是不可忽视的一环。在体育市场日益繁荣的今天，群众的力量成为推动体育产业发展的重要动力。体育产业在市场中的发展，不仅依赖于政府的政策支持和企业的资本投入，更离不开广大群众的积极参与。群众的日常健身需求对于体育消费的增长具有巨大的推进作用。随着生活水平的提高，越来越多的人开始关注身体健康，将体育运动作为提高身体素质的重要途径。跑步、游泳、瑜伽等多种健身方式逐渐成为群众日常生活的

一部分，进而推动了体育消费的增长。这不仅有助于扩大体育市场，还为体育用品、健身服务等产业带来了广阔的发展空间。

1. 培养学生体育消费群体

推动体育企业与移动互联网的融合，积极利用大数据、云计算、智能硬件和各类主题 APP 拓展用户，提升体育营销的针对性和有效性。以各类体育赛事活动为平台，加强资源营销，丰富体育消费文化内涵。社会中的健身娱乐场所也应该针对学生推出相应的优惠套餐，激发学生参与的积极性，这样一来，社会效益和经济收入都会有所提高。增强广大群众的日常健身意识，是推动体育市场发展的重要环节。在我国，全民健身已逐渐成为国家战略，普及体育运动知识，增强群众的健身意识，有助于培养更多的体育爱好者，为体育市场提供源源不断的需求。此外，广泛开展群众性体育活动，如马拉松、广场舞等，也有利于提升体育产业的社会影响力，促进体育与文化的融合发展。

2. 发展老年体育消费群体

我国的人口老龄化问题已相当严峻，各级地方政府应该制定一些政策，使更多的社会资金参与体育设施的建设。加强对体育市场需求和消费趋势预测的研究，引导体育企业开发符合市场需求的体育产品和服务。社区应该针对老年人多组织一些社区活动，使老年人在科学的指导下、安全的环境中，轻松愉快地参与体育活动，有助于提高老年人参与的积极性并长期坚持锻炼。群众的参与对于体育产业的创新和升级具有重要意义。在这一过程中，广大群众的实际需求成为产业创新的重要依据。群众的参与对于体育产业的创新和升级具有重要意义。随着科技的飞速发展，体育产业正面临着从传统模式向智能化、个性化的转型。在这一过程中，广大群众的实际需求成为产业创新的重要依据。通过了解和满足群众的健身需求，体育企业可以不断优化产品和服务，提高市场竞争力。

3. 扩大中年体育消费群体

中年阶段是人承受压力最大的时期，也是身体素质快速下降的阶段，但是大多数中年人反而都不重视体育锻炼，在生活中也很少进行体育锻炼。因此，应该深挖中年群体的消费潜力，大力开展各类群众性体育活动，积极推行《国家体育锻炼标准》、业余运动等级及业余赛事等级标准，增强项目消费黏性，提高中年人健身休闲消费水平。

4. 积极引导城乡居民家庭体育健身消费

鼓励各地研究制定引导体育消费的政策措施，完善消费政策。支持各地建立体育消费个人或家庭奖励机制，鼓励有条件的地区面向特定人群或在特定时间发放体育消费券。加强与金融企业的合作，创新体育消费支付产品，试点发行"全民健身休闲卡"，落实相关优惠政策，实施特惠商户折扣。引导保险公司根据体育运动特点和不同年龄段人群，开放场地责任保险、运动人身意外伤害保险，健全学校体育活动责任保险制度。

5. 继续加强体育用品消费市场和健身娱乐市场的发展

在全民健身和健康中国战略的背景下，体育用品消费市场和健身娱乐市场的发展对于促进体育产业增长、提升国民健康水平具有重要意义。为了进一步推动这两个市场的发展，需要从多个层面进行深入分析和探讨。

体育用品消费市场作为体育产业的重要组成部分，其发展的潜力巨大。随着消费者对运动装备的专业化、个性化需求不断提升，体育用品市场正呈现出多元化、细分化的趋势。为了满足消费者的多样化需求，体育用品企业需要加强市场调研，准确把握市场动态和消费趋势，不断进行产品创新和技术升级，提高产品的科技含量和附加值，从而增强产品的市场竞争力。同时，健身娱乐市场作为体育产业的另一重要领域，也呈现出蓬勃发展的态势。随着人们生活水平的提高和健康意识的增强，越来越多的人加入健身娱乐的行列中，对健身服务的需求也日益增长。为了促进健身娱乐市场的发展，需要加强基础设施建设和投入，提高健身设施的覆盖率和可达性，为消费者提供更加便捷、多样化的健身服务。

在推动体育用品消费市场和健身娱乐市场发展的过程中，政府、企业和相关机构需要形成合力。政府应加大政策扶持力度，制定和完善相关法规和标准，为市场的发展提供有力的制度保障；企业应注重品牌建设和市场营销，提高产品的知名度和美誉度，增强消费者的购买意愿；相关机构应加强行业自律和规范管理，维护市场秩序和公平竞争环境。此外，还需要加强体育用品消费市场和健身娱乐市场的国际交流与合作。通过与国际先进企业和机构的交流合作，适当引进先进的技术和管理经验，提升我国体育用品和健身娱乐产业的国际竞争力。

（四）重视体育产业市场内部要素的发展

1. 培养体育产业管理人才

在体育产业这个行业中，专业的体育人才是不可或缺的。体育产业管理人才的培养，要从学校的教育抓起。体育管理这个方向，目前在体育学院的本科教育中开设的专业是社会体育指导与管理，在研究生阶段开设的专业是体育人文社会学中的一个分支学科，即体育管理学。研究生阶段的体育管理学相比本科阶段的社会体育指导与管理更有针对性，因此在人才培养方面，研究生阶段的教育有专门培养体育管理人才的专业，对于我国体育产业的人才培养有很重要的意义。体育管理的人才不仅仅要掌握体育管理学的相关知识，更重要的应是一名复合型人才，对于体育赛事、体育运营等体育相关的知识，特别是体育产业相关的知识都应该熟练掌握。体育产业的管理是一个复杂的过程，考验从业人员的综合素质，以及各方面知识技术水平。因此，一个优秀的体育产业管理人员不仅要具备扎实的基础知识，还应该提高自己的实践能力，只有经过多年的从业历练和实战经验的积累，才能称得上是一个合格的体育管理人才。这就需要国家政策的大力支持，鼓励具有专业水准的人员进入这个行业，并长期发展下去。

2. 加快体育市场法治化、规范化进程，加大执法力度

加快体育立法深度与广度，形成"依法治体"的职能履行机制，最终强化政府的宏观调控职能和提高市场的资源配置能力。要转变政府职能，政府和体育组织所各自承担的体育产业方面的社会责任应该分离，各自承担自己应该承担的社会责任；而且通过加快体育市场法治化、规范化进程，加大执法力度，可以优化体育产业的资源配置，从而优化体育产业的发展。可以看出，我国在体育发展战略与政策层面上已经坚定了政府职能

转变，进而推动竞技体育社会化的发展走向，并且对体育法治的重要性有了较高的重视。但需要指出的是，教育法制先行才是强化政府的宏观调控职能和提高市场的资源配置能力的重要前提，没有强有力的法治约束，政府职能就可能边界模糊、职权越位，而竞技体育社会化可能出现市场失灵、方向紊乱的潜在风险。因此，以修订《体育法》为契机，无论是对我国政府性质的竞技体育职能机构，还是对社会性质的竞技体育职能机构，都应有清晰、可操作、约束性强的法律条文来明确各个单位、各个层级的职责，一旦出现组织机构职能的失范与违法行为，则给予必要的法律责任追究。另外，我国的各种体育纠纷仲裁机制建设有待加强，因为现行纠纷往往通过体育组织内部解决或依靠行政部门解决，很容易造成透明性、公平性与公开性的缺失，所以《体育法》中应加大对体育仲裁法规制度的建立与完善。总之，拓展体育立法的深度与广度才能进一步调整与规范各竞技体育组织的职能履行，形成"依法治体"的竞技体育职能履行机制。

3. 积极调动各方面力量开展群众体育

积极调动各方面力量开展群众体育，是促进全民健康、提升国民身体素质的重要途径。群众体育作为体育事业的基础和核心，其发展的广度和深度直接关系到国家体育事业的整体水平和社会的健康发展。在当前时代背景下，调动各方面力量共同推进群众体育的发展，具有重大的现实意义和深远的历史意义。

首先，政府应发挥主导作用，为群众体育的发展提供政策支持和制度保障。政府应制定和完善相关法规和政策，明确群众体育的地位和作用，加大对群众体育的投入力度，推动公共体育设施建设和完善，提高公共体育服务的覆盖面和均等化水平。同时，政府还应加强对群众体育活动的组织和引导，鼓励和支持社会各界力量参与群众体育事业，形成政府主导、部门协同、社会参与、全民共建的良好格局。

其次，企业应积极履行社会责任，为群众体育的发展提供物质支持和市场推动。企业作为社会经济发展的重要力量，应积极投身于群众体育事业中。一方面，企业可以通过捐资捐物、赞助赛事等方式支持群众体育活动和赛事的开展；另一方面，企业可以利用自身的品牌优势和市场营销手段，推动体育用品和相关服务的发展，为群众提供更加优质、多样化的体育产品和服务。

最后，学校、社区等基层组织也应发挥自身优势，为群众体育的开展提供有力支撑。学校是培养青少年体育兴趣和技能的重要场所，应注重体育教育的普及和提高，积极开展课外体育活动和竞赛，为学生提供多样化的体育锻炼机会。社区作为居民生活的重要场所，应加强对居民体育活动的组织和引导，建设和完善社区体育设施，开展丰富多彩的社区体育活动，促进居民身心健康和社区和谐发展。同时，媒体作为信息传播的重要渠道，也应发挥自身优势，积极宣传和推广群众体育活动和赛事。通过广泛传播健康、科学的健身理念和知识，营造全社会关心、支持和参与群众体育的良好氛围。媒体还可以通过报道各类体育赛事和活动，提高群众对体育的认知度和参与度，推动群众体育事业的深入发展。

4. 实施人才倍增计划

人才是社会发展的关键，而专业的体育产业人才对推动我国体育产业发展具有重要的作用。到 2025 年，我国将基本建立布局合理、功能完善、门类齐全的体育产业体系，体育产品和服务更加丰富，体育产业总规模超过 5 万亿元，体育产业将成为推动经济社会持续发展的重要力量[1]。另外，我国成功举办 2022 年冬奥会，为我国冰雪运动产业的飞速发展提供了难得的历史契机。在此背景下，我国社会对体育产业领域的人才需求是极大的，但目前我国体育专业人才的欠缺又是明显的，尤其是大量的应用型人才和拥有专业技术的创新实践型人才更为匮乏。而在传统金牌导向的竞技体育人才培养模式已不再适合我国社会需求的背景下，如何将竞技体育人才培养与我国体育产业发展所需的各类人才培养相互补充并最终融合，则成为我国竞技体育发展方式转型进程中人才培养模式转型的关键所在。

---

〔1〕 参见程美超、王先亮：《政策工具视角下我国省域体育产业高质量发展的驱动路径》，载《沈阳体育学院学报》2024 年第 1 期。

体育产业各类人才的教育绝不是学历教育，更不是文凭教育，更多的应该是能力教育、技术教育、实践教育和责任教育。为此，我国在竞技体育人才培养方面的"教体融合"发展，应更多地关注运动员退役后的职业技术能力，以及其对体育产业市场环境的适应能力的培养，不能以大学文凭的获得作为运动员"教体融合"培养成功的衡量标准。需要指出的是，美国培养高水平运动员也绝不仅仅局限在本科院校，各专科院校及社会职业机构在承担竞技体育人才培养的职责上也起着不可忽视的作用，所以本着教体不分离的原则，我国各类运动员在义务教育阶段应完成基本无差别的基础教育，而在进一步深造的阶段，则应科学分流到不同类型的学校进行体育产业行业导向培养，学校的范围可以包括学术研究型、应用技术型和职业教育型的大中专院校。

另外，为填补体育产业巨大的人才缺口，我国职业教育体系、应用型大专院校，以及学术型高校应当加大对体育产业对口专业的人才培养方式的探索，尤其要注重实践型人才培养方案的研究，同时加大校企合作培养力度，广泛设立校外体育产业实践基地，提高退役运动员在学业与就业上衔接的紧密度，实现订单式人才培养模式，最终培养出一支体育专业型与产业型相结合的高素质人才队伍。因此，首先，要从政策上制定培养体育产业人才发展的措施，结合实际需要，制定专业的体育产业人才队伍建设方案，利用政策以鼓励和支持各个高校或者社会群体加大对体育人才的培养。其次，政府在财政上要给予积极的支持与刺激，以保障体育人才的增加，将人才队伍建设放在我国体育产业发展的核心位置。

第三章

冰雪体育产业文化

第一节　冰雪体育文化的界定

一、冰雪体育文化的概念

冰雪体育文化是指人类在冰雪环境中进行体育活动所形成的一种特殊文化现象。它源于人类对冰雪环境的适应和利用，体现了人与自然和谐共生的理念。冰雪体育文化具有广泛的社会、历史、文化、教育、娱乐和健身等功能，是人们进行冰雪运动、体验冰雪乐趣、传承冰雪文化的重要载体。冰雪运动项目包括速度滑冰、花样滑冰、冰球、雪橇、滑雪等，这些项目既有对抗性，又有技巧性，具有很高的观赏性和娱乐性〔1〕。冰雪运动器材和服饰则是冰雪运动的基础和保障，它们的发展和创新为冰雪运动提供了更多的可能性和便利性。冰雪运动场地设施是冰雪运动的重要载体，它们的建设和发展为冰雪运动提供了良好的条件。冰雪运动组织与管理则是冰雪运动有序、健康发展的关键，它们涉及冰雪运动的普及推广、人才培养、竞赛组织、政策制定等方面。

冰雪体育文化具有显著的特点，如地域性、季节性、群众性、竞技

---

〔1〕　参见毛剑杨：《刍议传统冰雪体育运动文化的时代价值》，载《冰雪体育创新研究》2023 年第 11 期。

性、健身性等。地域性是指冰雪体育文化在不同的地域有不同的表现形式和发展特点，如北方的冰雪体育文化以滑雪、滑冰为主，南方的冰雪体育文化则以冰球、雪橇为主。季节性是指冰雪体育文化的发展和传承与季节密切相关，如冬季的冰雪体育活动较为活跃，夏季则相对较少。群众性是指冰雪体育文化具有广泛的群众基础和参与性，如冰雪运动会的举办、冰雪运动的普及等。竞技性是指冰雪体育文化具有较高的竞技水平和技术要求，如冬奥会、世界锦标赛等国际赛事。健身性是指冰雪体育文化具有很好的健身效果，如冰雪运动可以锻炼人的耐力、协调性、平衡性等。

冰雪体育文化在我国具有悠久的历史和丰富的内涵。从古至今，我国人民在冰雪环境中创造了丰富多彩的文化遗产，如冰嬉、冰橇、滑雪等。随着我国经济的快速发展和人民生活水平的提高，冰雪体育文化得到了进一步的发展和传承。如今，我国已成为世界上重要的冰雪体育大国之一，不仅在冬奥会等国际赛事上取得了显著的成绩，而且在国内外的冰雪运动会上也表现出色。冰雪体育文化是一种具有广泛社会、历史、文化、教育、娱乐和健身等功能的重要文化现象。冰雪体育文化在我国具有悠久的历史和丰富的内涵，随着我国经济的快速发展和人民生活水平的提高，冰雪体育文化得到了进一步的发展和传承。

二、冰雪运动高质量发展的内涵

冰雪运动高质量发展的内涵是一个多层次、多维度的概念，涵盖了从基础设施建设、运动训练体系、赛事运营到冰雪产业全链条的各个方面。在探讨其内涵时，我们需要从多个角度进行深入分析。

首先，冰雪运动高质量发展要求建立完善的基础设施体系。这包括优质的滑雪场、滑冰场等运动场地，以及配套的住宿、餐饮、交通等服务设施。基础设施的完善不仅能提升运动员的训练和比赛条件，还能为广大民众提供更加便捷、舒适的冰雪运动体验，从而推动冰雪运动的普及和发展。

其次，冰雪运动高质量发展需要构建科学的运动训练体系。这涉及运动员选拔、训练计划制定、教练团队建设等多个方面。通过引入先进的训练理念和方法，结合运动员的实际情况，制定个性化的训练计划，可以提高运动员的竞技水平和综合素质，为国家冰雪运动队培养更多优秀的后备人才。此外，冰雪运动高质量发展还应注重赛事运营的专业化和国际化。举办高水平的冰雪赛事，不仅能提升运动员的竞技水平，还能提高冰雪运动的知名度和影响力。因此，需要加强赛事组织、宣传推广、安全保障等方面的工作，确保赛事的顺利进行和观众的良好体验。同时，积极与国际冰雪运动组织合作，引进国际先进的赛事运营经验和技术标准，提升我国冰雪赛事的国际地位和影响力。另外，冰雪运动高质量发展还应关注冰雪产业的协同发展。冰雪产业涵盖了装备制造、场馆运营、旅游服务等多个领域，其发展水平直接影响冰雪运动的普及和推广。因此，需要加强产业链上下游的协同合作，推动技术创新和产业升级，提高冰雪产品和服务的质量和竞争力。同时，注重培育冰雪产业市场主体，激发市场活力，形成政府引导、市场主导、社会参与的冰雪产业发展格局。

最后，冰雪运动高质量发展还需要重视文化传承和国际交流。作为冬季运动的重要组成部分，冰雪运动蕴含着丰富的文化内涵和历史传承。在推动高质量发展的过程中，应注重挖掘和传承冰雪运动的传统文化价值，弘扬体育精神，提升国民体育文化素养。同时，积极开展国际交流与合作，适当借鉴国外先进经验和做法，加强我国冰雪运动的国际话语权和影响力。

三、冰雪体育文化的特点

冰雪体育文化作为一种特殊的文化现象，具有多种独特的特点。冰雪体育文化在不同的地域有不同的表现形成和发展特点。由于地理环境的差异，北方地区的冰雪体育文化以滑雪、滑冰为主，而南方地区则以冰球、雪橇等运动为主。冰雪体育文化的发展和传承与季节密切相关。在寒冷的冬季，冰雪运动活动较为活跃，而在炎炎夏日，冰雪运动相对较少。

冰雪体育文化具有广泛的群众基础和参与性。无论是冰雪运动会的举办，还是冰雪运动的普及，都能吸引众多人的参与和关注。冰雪体育文化具有较高的竞技水平和技术要求。冬奥会、世界锦标赛等国际赛事是冰雪运动竞技水平的集中体现。冰雪体育文化具有很好的健身效果。冰雪运动可以锻炼人的耐力、协调性、平衡性等，有助于提高人们的身体素质。

冰雪体育文化与其他文化的融合也是其特点之一。例如，冰雪运动与旅游、教育、科技等多领域相结合，形成了独特的冰雪旅游、冰雪教育、冰雪科技等文化现象。冰雪体育文化具有很强的社会性，可以促进社会各阶层之间的交流与互动。通过冰雪运动，人们可以增进友谊，促进社会和谐。冰雪体育文化的发展对经济的推动作用也不容忽视。冰雪产业、冰雪旅游等相关产业的发展，为地区经济注入了活力。这些特点共同构成了冰雪体育文化的独特魅力，使其成为人们进行冰雪运动、体验冰雪乐趣、传承冰雪文化的重要载体。

四、冰雪体育文化的重要性

冰雪体育文化的重要性不容忽视，它是冬季体育运动的精神内核，同时也是社会文化和人类文明的重要组成部分。在全球化、多元化的时代背景下，深入探究冰雪体育文化的重要性，对于推动冬季体育运动的普及和发展，促进人类社会的和谐与进步具有重要意义。

首先，冰雪体育文化承载了丰富的历史与传统文化。自古以来，人类在严寒的冬季中通过冰雪运动锻炼身体、磨炼意志，逐渐形成了独具特色的冰雪体育文化。这些文化不仅体现了人类对自然的敬畏与挑战，也蕴含了世代相传的智慧和勇气。在现代冬季体育运动中，冰雪体育文化更是成为连接历史与未来的桥梁，让人们在享受运动乐趣的同时，也能感受到深厚的历史底蕴和文化内涵。

其次，冰雪体育文化具有强大的凝聚力和社会整合功能。在冬季体育运动中，人们不分年龄、性别、国籍和种族，共同投身于冰雪的世界，分享着运动的激情和快乐。这种超越个人界限的共同体验，不仅增强了人们之间的友谊和团结，也促进了不同文化之间的交流和理解。冰雪体育文化所倡导的公平竞争、团结协作的精神，对于培养人们的公民意识和社会责任感具有重要作用。此外，冰雪体育文化对于推动冬季体育运动的发展具有不可替代的作用。作为一种独特的文化现象，冰雪体育文化不仅为冬季体育运动提供了精神动力和文化支撑，也为相关产业和市场的发展提供了广阔的空间和无限的潜力。随着冰雪体育文化的不断传播和普及，将有越来越多的人加入冬季体育运动的行列，从而推动相关产业和市场的蓬勃发展。

最后，冰雪体育文化在促进青少年全面发展和身心健康方面发挥着重要作用。通过参与冰雪运动，青少年可以锻炼身体、提高体能，培养坚韧不拔的意志品质和团队合作精神。同时，冰雪运动中的挑战和竞争也有助于激发青少年的创造力和想象力，培养他们的创新思维和解决问题的能力。因此，冰雪体育文化对于促进青少年全面发展和培养健康的生活方式具有重要意义。另外，冰雪体育文化的国际交流也有助于提升国家的软实力和国际形象。随着冬季体育运动的国际化发展，各国和地区之间的冰雪体育文化交流日益频繁。通过举办国际冰雪赛事、开展冰雪文化交流活动等方式，可以促进不同国家和地区之间的友谊与合作，增强相互理解和信任。同时，展示本国（地区）独特的冰雪体育文化和优秀运动员的风采，也能提升国家（地区）在国际舞台上的形象和影响力。

第二节　冰雪体育文化的内容

一、冰雪体育文化的内容意义与表现形态

冰雪体育文化不仅仅是社会文化的组成部分，同时是体育事业中不可或缺的一部分，它主要涵盖以下六个方面的内容：一是体育人员文化。所

谓的体育人员文化包含体育工作者多个方面，不仅包含体育工作者文化水平与体育素养，而且还包含体育工作者道德观念与体育思想，更涵盖体育运动员的职业素养与技术水平。二是体育商品文化。它是指所有一切能够满足人们体育运动中的各种不同需求的商品，例如，冬季滑雪体育运动项目中所使用的钢架雪车，最开始的制作原材料是金属，而如今已经基本上采用玻璃纤维与金属合成的制作材料，这些由新材料或者是新技术制作而成的商品，不仅有助于提高体育运动员的技术水平，还有助于大幅度提高体育运动员的成绩。实际上，冰雪体育文化是体育运动与冰雪文化的融合，在冰雪文化的基础上，融入体育运动方面的内容，从而形成了较为完整的冰雪体育文化。对此，著名的冰雪文化研究者王景福在经过大量的资料查阅发现认为，冰雪体育文化是具有传承性的文化现象，对于他这一观点，李岫儒发表了同样的看法与观点，认为冰雪体育文化是人们在冰雪自然环境中，通过参与各种冰雪运动与比赛，奠定起来的精神财富与物质财富总和，它不仅包括运动员在赛场上展现出的竞技精神、团队合作、顽强拼搏的意志品质等方面，还涵盖了冰雪运动的组织、管理等方面。其次，刘亮从文化的角度上认为，冰雪体育文化是各种丰富多彩的冰雪体育运动项目总和，主要涵盖三个不同层面，其一，冰雪体育文化层面；其二，制度文化层面；其三，物质文化层面。而李博站在教育学的角度出发认为，冰雪体育文化是学校各种不同体育形式存在的总和，主要包含冰雪体育精神文化方面、冰雪体育制度文化方面以及冰雪物质文化方面。三是体育设施文化。所谓的体育设施文化是指体育运动场地以及体育运动员训练过程中，所使用到的各种体育器材与基础设施，这些都是体育运动员的必需品，也是体育运动员不可或缺的一部分，更是冰雪体育文化中重要的组成部分，在冰雪文化中占有重要地位，它是所有运动员进行运动项目的重要载体。四是体育经营文化。所谓的体育经营文化涉及体育经营思想与方式，体育经营思想与方式是大力发展冰雪体育文化的一个重要层面，同时也是一个有效方式，它要求体育部门需要改变传统经营思想与经营模式，以此发展冰雪体育文化，主要包含体育场馆的体育经营项目与场馆装饰等方面，还包括体育宣传等方面。五是体育管理文化。体育管理文化是指体育场馆现代化管理方式与管理手段，同时还涵盖大型体育大赛的竞赛制度等方面。六是体育服饰文化。所谓体育服饰文化是指体育运动员所参加的体育项目中，所需要的各种体育服饰，它不同于其他的服饰文化，而是以体育运动为背景的服饰文化，不同的体育运动项目，所配备的服饰都有所不同。例如，滑雪项目会使用到的安全帽、护膝、护目镜等各种护具，这些都是体育运动项目中的必需品，同时也是冰雪体育文化中不可或缺的重要组成部分。

二、冰雪体育文化的内容——文化学的角度

从文化学的角度来划分，高校冰雪体育文化可划分为四个部分，即高校冰雪体育精神文化、高校冰雪体育制度文化、高校冰雪体育行为文化和高校冰雪体育物质文化。

高校冰雪体育精神文化。高校冰雪体育精神文化形态是校园冰雪体育文化的灵魂所在。高校冰雪体育精神文化形态主要反映在高校冰雪体育的价值观念、高校冰雪体育的态度、高校冰雪道德风尚、高校冰雪知识等方面，涉及学生的理想追求、观念转变、道德修养、人格塑造、行为自律、纪律约束等各个方面。一经形成，就成为校园的向心力和凝聚力，具有明确的指向性，影响和规范每个学生的思想和行动，决定他们的价值取向和思想品质的形成，并成为激励学生奋发向上的精神力量。因此，强化和弘扬良好的高校冰雪体育精神文化是高校冰雪体育文化建设的核心和宗旨。

高校冰雪体育制度文化。高校冰雪体育制度文化是指在体育教学娱乐、竞赛等活动中要求学生共同遵守的规程、行动准则等文化体系，它是在体育教学实践中形成和发展起来，并通过条文固定下来的。它具有高度的科学性、权威性、概括性和规范性等基本特征。它是衡量教学质量、运动水平的主要标志。它能引导学生在约定的规则下进行体育比赛和竞争较量，有利于培养学生遵章守纪的行为习惯，加强道德培养。

高校冰雪体育行为文化。高校冰雪体育行为文化形态是高校冰雪体育文化的活动表现，主要体现为在校生的体育习惯、体育风尚、体育传统、体育方式、体育活动质量和体育流向以及高校冰雪体育在学校各项活动中的地位等。学生在行为文化下建立良好的师生关系和同学关系相互尊重人格，团结友爱，积极向上，不歧视，不训斥，培养一个良好的体育集体，创造一个良好的人际氛围。从社会文化的视角来看，高校冰雪体育行为文化尤其是体育游戏和体育竞赛，实质上是社会生产和社会生活的一种模拟。在冰雪体育运动中每个人占有一定的位置或真实或模拟地扮演一定的角色，无形地充当了社会角色，因此，有人把冰雪体育课堂称为"课堂社会"，在这个"课堂社会"中，学生可以学习掌握社会规范和培养良好的社会公德、责任感，并使自己的意志力、抗挫折力、合作精神以及社会交往能力等素质得到全面提高，使自己从"自然人"发展成为"社会人"。

高校冰雪体育物质文化。高校冰雪体育物质文化包含高校里的体育建筑、雕塑、场地、器材等，是高校冰雪体育意识文化的载体，也是学生进行体育锻炼不可缺少的物质基础和高校冰雪体育文化建设的前提条件。如果没有相应的文化设施，在一定程度上讲，高校冰雪体育文化建设就将成为"巧妇难为无米之炊"。因此，必须加强高校冰雪体育物质文化建设。高校冰雪体育设施很多，主要分为两大类：第一类是场馆之类的建筑，为高校体育文化建设提供不可缺少的阵地，是师生员工开展文化体育活动必需的场所，主要有冰雪运动场、广播站、电视台和宣传栏、阅览栏、广告栏等；第二类是体育用品、设备、图书等。

三、冰雪体育文化的概述

冰雪最初是一种水的形态，经过艺术家精雕细琢成为具有一定价值的艺术品，而冰雪体育亦是如此，独特的环境赋予了它独特的体育形式，逐渐发展为独具特色的冰雪体育文化，它是时代发展的自然产物，同时也是社会文化中不可或缺的重要组成部分。而在概述冰雪体育文化过程中，需要着重于研究文化的概念。文化是人类文明的重要载体，蕴含着人类的重要思想与社会文化，它承载着人类自古以来重要的精神财富，它的存在体现了人类的进步与时代的发展。而冰雪体育文化顾名思义是指所有与冰雪体育相关的内容，涉及冰雪体育运动的方方面面，与冰雪体育运动活动紧密相关。而黑龙江省属于北方，冬季相较于其他地区，不仅寒冷漫长，而且冬季温差较大，人们利用这种得天独厚的气候环境条件开发了各种丰富多彩的冰雪体育活动，这些体育活动的显著特点是能够充分体现群众感受，凝聚了广大群众的期许与愿望，深受广大群众的喜爱与青睐。

实际上，冰雪体育文化概念随着社会经济的发展，发生了巨大的改变，作为体育文化的工作者要充分认识到这一点，只有充分了解这一点，才能够更好地发展黑龙江省冰雪体育文化，使黑龙江省冰雪体育文化长远发展下去。冰雪体育文化在黑龙江省有着悠久的历史，是无数劳动人民共同创造起来的，凝聚了无数劳动人民的智慧，并非一个人的成果。无数劳动人民通过自己的智慧，创造出了高质量的冰雪体育场地，在这个场地诞生了无数的优秀冰雪体育活动，丰富多彩的冰雪体育活动吸引了来自四面八方的体育爱好者与游客，纷纷被这丰富多彩的冰雪体育活动所吸引，这座城市被冠名为冰雪城市，具有独特的魅力与吸引力，并且还在一定程度上使得冰雪文化的价值最大化。

四、我国冰雪体育文化发展

冰雪体育文化发展需要一定的载体，这种载体就是冰雪体育运动项目。但冰雪体育项目也暴露出与文化缺少关联、缺少文化内涵支撑等问题。全面认识冰雪体育项目特别是冰雪传统体育项目，对我国冰雪体育文化的发展有着重要的作用。我国的东北地区经历了从最初的抵御冰雪到适应—认识—驾驭—享受冰雪运动，造就了北方特有的多样化的冰雪运动形式，如滑雪滑冰、爬犁冬捕、冬猎等。在19世纪末和20世纪初，我国东北、华北、西北地区冰雪运动深受西方的影响，近代西方冰雪运动得到了大力推广；20 世纪 50、60 年代，溜冰、坐爬犁、打冰球、打雪仗在东北地区得到了蓬勃发展，大多数中小学校每年都开设冰上、雪上课，而城市的公共体育场在冬季大多浇成冰场，免费供群众使用，为普及群众冰雪运动打下了基础。

现如今我国大力发展冬季运动，冬季体育文化也被赋予了新的重要意义和地位。广大人民群众对冬季运动的需求不仅越来越高，而且也越来越丰富和多元化；不仅要看到国际赛场上我国运动健儿取得优异的成绩，更需要欣赏到各种高水平的赛事；不仅希望欣赏到各种高质量的冬季体育文化产品，更希望亲身体验冬季项目带来的乐趣。

（一）政府出台冰雪体育文化保护政策

文化建设工作是一个长期过程，要深入贯彻落实国家的相关要求，协同有关部门制定传播推广计划，营造全社会关心、支持、参与冰雪体育的浓厚氛围。各级政府要给予必要的物质、资金支持，出台冰雪体育文化保护政策，积极引导我国已有条件，开展冰雪运动的地区大力开展各种体育赛事活动，吸引广大人民群众积极参与冬季体育运动，为冰雪体育运动的开展和冰雪文化的传承提供有力的保障[1]。同时，应充分发挥北方地区高校的冰雪资源，政府甚至可以出资购买高校的冰雪人力资源、场地资源为广大中小学校的学生开设义务的冰雪体验活动。

（二）家庭、学校和社会三位一体发展冰雪体育文化

1. 家庭引导：北方青少年冬季运动的普及之基

家庭是孩子的第一个课堂，父母是孩子的第一任老师。在普及北方地区青少年冬季运动的过程中，家庭的健康锻炼习惯具有无可替代的重要性。青少年正处于身心发展的关键时期，他们的行为习惯、价值观念和兴

---

〔1〕　参见纪成龙：《北京 2022 年冬奥会筹办的全周期特征及其重点任务管理研究收藏》，载中国体育科学学会：《第十一届全国体育科学大会论文摘要汇编》，2019 年第十一届全国体育科学大会。

趣爱好很大程度上受到家庭环境的影响。因此，家庭在培养青少年对冰雪运动的兴趣和习惯方面发挥着至关重要的作用。首先，家长应该树立正确的健康观念，认识到冬季运动对青少年身心健康的积极影响。通过自身的积极参与和示范，引导孩子养成冬季锻炼的良好习惯。例如，在周末或节假日，家长可以带孩子去滑雪场、溜冰场等冰雪运动场所，共同体验冰雪运动的乐趣，增进亲子关系的同时培养孩子的运动兴趣。其次，家长可以与学校、社区等合作，共同为青少年创造更多的冬季运动机会。例如，组织家庭冬季运动会、参与学校的冰雪运动课程和活动、参加社区举办的冬季健身活动等，让孩子在多样化的运动中感受到冬季运动的魅力。

2. 冰雪运动进校园：培育学生冰雪情结的有效途径

学校是青少年成长的重要场所，将冰雪运动引入校园对于培养学生的冰雪情结、促进身心健康具有积极意义。在有条件的学校开设滑冰课、滑雪课等冰雪运动课程，不仅可以让学生掌握基本的冰雪运动技能，还能让他们在运动中感受到冬季的乐趣和挑战。除了课程设置外，学校还可以通过组织丰富多彩的冰雪运动活动来吸引学生参与。例如，定期举办校园冰雪运动会、冰雪运动体验营和冬令营等，让学生在比赛中展示才能、在体验中感受快乐。同时，学校还可以邀请冰雪运动健儿来校与学生进行"零距离"接触，分享他们的运动经历和心路历程，激发学生的运动热情。冰雪运动进校园不仅有助于培养学生的冰雪情结和团队合作精神，还能带动整个家庭对冰雪运动的关注和参与。学生们可以将所学的冰雪运动技能和知识带回家中，与家人共同分享运动的乐趣，从而促进家庭体育的发展。

3. 发挥社会力量：促进冰雪体育运动与文化、旅游等融合

社会力量是推动冰雪体育运动与文化、旅游等融合的重要动力。政府、企业和社会组织等各方力量可以通过多种方式和途径共同推动冰雪体育运动的发展。首先，政府可以制定相关政策和规划，为冰雪体育运动的发展提供有力保障。例如，加大对冰雪运动场馆、设施建设和运营管理的投入力度；鼓励和支持企业和社会组织举办冰雪运动赛事和活动；加强冰

雪运动人才的培养和引进等。其次，企业和社会组织可以积极参与冰雪体育运动的推广和普及工作。例如，通过赞助或举办冰雪运动赛事和活动来提高公众对冰雪运动的关注度和参与度；开发适合不同人群的冰雪运动产品和服务来满足市场需求；加强与学校、社区等合作共同推动冰雪体育运动的发展。此外，还可以借助文化、旅游等产业的力量来促进冰雪体育运动的发展。例如，举办国际冰雪博览会、寒地博览会等文化活动来展示和传播冰雪文化；开发冰雪旅游产品和线路来吸引游客体验和参与冰雪运动；将冰雪运动与民俗文化、节庆活动等相结合打造独具特色的冰雪体育文化活动。

（三）保持和传承冰雪传统体育文化

1. 冰雪传统体育文化的价值与意义

冰雪传统体育文化是指在寒冷地区或冬季环境中形成的具有独特地域特色和民族特色的体育文化现象。它涵盖了冰雪运动的历史、技术、规则、礼仪、习俗等多个方面，是人类文明与自然环境相互作用的产物。冰雪传统体育文化不仅具有丰富的文化内涵和历史价值，还对现代社会产生了深远的影响。首先，冰雪传统体育文化是人类适应自然环境的重要表现。在寒冷地区或冬季环境中，人们通过创造和发展冰雪运动来适应自然环境，提高身体素质和生存能力。这些运动不仅锻炼了人们的身体，还培养了他们的意志品质和团队合作精神，成为当地人民生活中不可或缺的一部分。其次，冰雪传统体育文化具有丰富的民族特色和文化内涵。不同地域和民族在长期的历史发展过程中形成了各具特色的冰雪运动习俗和传统文化，这些文化现象不仅展示了不同民族的文化底蕴和审美情趣，还为现代冰雪运动的发展提供了丰富的素材和灵感来源。最后，冰雪传统体育文化还具有重要的社会功能。它不仅能够促进人们的身心健康和全面发展，还能够增强社会凝聚力和文化认同感。在现代社会中，冰雪运动已经成为一种重要的社交活动和休闲方式，人们在参与冰雪运动的过程中不仅锻炼了身体，还结交了朋友、拓展了人际关系，促进了社会的和谐与进步。

2. 保持和传承冰雪传统体育文化的策略与措施

（1）加强冰雪传统体育文化的保护与传承

为了保持冰雪传统体育文化的原真性和多样性，需要加强对相关文化遗产的保护与传承。可以通过制定相关政策和法规来保护冰雪传统体育文化遗产，鼓励和支持民间组织和个人开展相关的保护和传承活动。同时，还可以将冰雪传统体育文化纳入教育体系，通过课程设置和教学实践来传承相关知识和技能。

（2）推动冰雪传统体育文化与现代社会的融合发展

为了使冰雪传统体育文化在现代社会中焕发新的活力，需要推动其与现代社会的融合发展。可以通过创新冰雪运动的形式和内容，结合现代科技手段来提升运动的趣味性和竞技性，吸引更多的人参与冰雪运动。同时，还可以将冰雪传统体育文化与现代文化产业相结合，开发相关的文化产品和旅游项目，促进文化的传播与交流。

（3）加强国际交流与合作

为了拓宽冰雪传统体育文化的传播渠道和影响力，需要加强国际交流与合作。可以通过参加国际冰雪运动赛事和文化交流活动来展示和传播本国的冰雪传统体育文化，适当学习借鉴其他国家（地区）的先进经验和做法。同时，还可以加强与国际组织和其他国家（地区）的合作与交流，共同推动全球冰雪运动的发展和文化的繁荣。

（4）培养专业人才队伍

为了保障冰雪传统体育文化的可持续发展，需要培养一支高素质的专业人才队伍。可以通过设立相关专业和课程，培养从事冰雪传统体育文化研究、教学、管理等方面的人才。同时，还可以加强对现有从业人员的培训、提高他们的专业素养和技能水平，为冰雪传统体育文化的传承与发展提供有力的人才保障。

（四）开展冰雪体育赛事活动，加快冰雪体育文化的推广

积极承办国内外各种冰雪体育赛事和业余赛事，打造具有地方特色的

冰雪赛事活动，如大学生冬季运动会汇集了世界各地的大学生进行竞技，他们各自带着最先进的不同风格的体育文化聚集在一起，进行沟通、交流和碰撞；再如呼伦贝尔冬季那达慕大会也是将蒙古族冬季体育项目与旅游相结合的发展典范。随着互联网的普及，可以通过互联网、直播、微信等媒体宣传方式，直播各种精彩的冰雪赛事，特别是一些欧美的冰雪职业联赛；传播冰雪运动知识挖掘和推广冰雪体育文化的价值和内涵；加强对冰雪体育文化、冰雪运动健康知识和赛事活动的宣传和展示，积极引导群众形成冰雪运动习惯和消费观念，营造全国浓厚的冰雪体育氛围。

第三节　冰雪体育文化素养的培养

随着时代的发展，对于人才提出了更高的要求，要求新时代的人才不仅要具备良好的心理素质与健康的体魄，还要具备团队精神与良好的道德素养。而高校作为人才培养的重要场所，不仅要注重知识方面的传授，同时也要着重于学生各方面综合素质的培养，注重学生的素质教育，所谓的素质教育不仅包含学生心理素质与道德品质等方面，还包含学生的文化知识等方面，而冰雪体育教育正是基于这样行之有效的培养模式，重点发展学生的综合素质。当前已经迈入21世纪，我国经济飞速发展，在此背景下，体育作为振兴强国的重要载体，而冰雪体育运动又是体育学科的重要组成部分，如何担负起新的使命，是当下需要深入思考的问题，同时也是当下亟须解决的问题。

一、冰雪文化素养概述

所谓的冰雪文化素养是指高校学生参加各种冰雪体育运动的能力，不仅包含高校学生的冰雪体育品质，而且还包含高校学生的冰雪体育精神，这些同时也是高校学生综合素质的主要体现，就冰雪体育文化素质而言，主要包含四个方面。

（一）冰雪体育知识

高校学生冰雪体育知识涵盖多个方面，不仅包含冰雪体育理论知识与专业知识，还包含冰雪体育各种安全知识与基础知识。高校学生作为社会发展中重要的一个群体，并且也是实现中国梦的中坚力量，更是继承和发展冰雪体育运动的年轻群体，然而他们都受教于高校，高校是高校学生冰雪体育运动教育的根据地，也是传播冰雪体育知识的重要场所，要牢记自身所要担负的重要责任，着重于"冰雪进校园"战略的实施，加强冰雪体育文化建设，将冰雪体育文化全面贯穿于日常教学过程中，从而推动冰雪体育运动的发展。而北方地区高校在场地资源上既拥有一定的优势，同时也在冰雪体育运动教学资源上拥有一定的优势，不仅如此，国家政策上也在给予大力支持，这为高校学生形成良好的冰雪文化素养奠定了良好基础。

（二）冰雪体育技能

高校学生冰雪体育技能主要包含多个方面，不仅包含一定的基本技能与锻炼技能，而且还包含简单的损伤处理方法技能，在这个过程中，强健的体魄是高校学生进行冰雪体育运动的基础，掌握各种体育运动简单的损伤处理方法，是保障自身身体条件的有效方式。当前，随着我国各种大型体育赛事的成功举行，此背景下，对于体育人才提出了更高的要求，既要注重人才的体育技能，同时也要注重人才的综合方面素质，这就要求高校要致力于高校学生的全方面培养。一方面，要引导高校学生养成健康的生活方式，形成正确的生活思想观念，树立积极乐观的生活态度，鼓励高校学生积极参与各种不同的冰雪体育运动，既有助于高校学生大脑和四肢的协调发展，还有助于锻炼高校学生的思维能力，从而促进高校学生身心健康全面发展。另一方面，鼓励高校学生体验不同形式的冰雪体育运动，激发高校学生参与冰雪体育运动的积极性与兴趣，使高校学生能够全身心地投入冰雪体育运动当中，感受到冰雪体育文化的独有魅力，为发展我国体育运动人才提供强有力支撑。

（三）冰雪体育精神

冰雪体育运动不仅技术含量较高，而且对于身体素质有较高的要求，是富有一定挑战性的体育运动，但同时也不仅仅是一种体育运动，更多的是一种精神追求与人生态度，它要求参与者具有顽强的拼搏精神与不怕困难勇往直前的优良品质，蕴含着一定思想内涵，对于高校学生树立正确的价值观思想与形成良好的体育精神，具有十分重要的意义，高校学生通过冰雪体育运动能够受到很多启示，同时也能够从中汲取到更多的精神营养。简单来说，高校学生在参与冰雪体育运动过程中，所表现出来的坚韧不拔精神，包括呈现出来的积极乐观的态度，都是冰雪体育精神的真正内涵。而冰雪体育精神既包含积极乐观的人生态度与坚强的意志力，还同时包含快速的适应能力与严格遵守各种体育运动规则的良好品质等。在高校的培养下与政府部门的大力支持下，高校学生俨然成为冰雪体育运动发展不可或缺的重要力量。而学生个体冰雪体育文化素养的深浅，不仅与体育强国梦想的实现有着直接联系，也与冰雪体育运动发展进程有着密切联系。因而高校要着重加强高校学生冰雪体育文化素养的培养，充分了解当前高校学生冰雪体育文化素养的具体状况，采取各种培养策略，从而促进我国早日实现体育强国的伟大梦想。

（四）冰雪体育行为

高校学生冰雪活动的表现形式和冰雪体育生活，实际上就是冰雪体育行为的具体体现。这种行为反映了高校学生的体育文化素质，成为衡量他们体育素养的重要指标。冰雪体育行为主要包括滑雪、滑冰等活动，充分体现冰雪体育者的素质，包括团队配合、身体和心理素质等。它不仅体现了高校学生参与冰雪活动的积极程度，还反映了他们在冰雪运动方面的技能和兴趣。同时，冰雪体育行为也是冰雪个性的表现形式，反映出高校学生在冰雪运动中的个性特点和兴趣爱好。冰雪体育行为会受到内在和外在因素的影响。内在因素主要包括高校学生的个人兴趣、体质、心理素质等，这些因素决定了他们参与冰雪活动的意愿和能力。外在因素则包括家庭、学校、社会等方面的支持与鼓励，这些因素会影响高校学生参与冰雪活动的机会和条件。

二、冰雪体育文化素养的影响因素

（一）兴趣因素

兴趣是个体对某一事物或活动所持有的积极态度和情感倾向，是推动个体参与活动、探索知识和技能的内在动力。在冰雪体育活动中，兴趣因素对于提高个体的冰雪体育文化素养具有显著影响。

首先，兴趣能够激发个体参与冰雪体育活动的积极性。当个体对冰雪运动产生浓厚兴趣时，他们会更加主动地参与相关活动，积极学习和掌握冰雪运动的知识和技能。这种积极的参与态度不仅有助于提高个体的冰雪运动水平，还能够促进他们在活动中的互动和交流，进而培养他们的团队合作精神和社交能力。

其次，兴趣能够促使个体在冰雪体育活动中持续投入时间和精力。冰雪运动是一项需要长期练习和不断积累经验的运动，只有持之以恒地投入时间和精力，才能够在技能上取得显著的进步。对于对冰雪运动有浓厚兴趣的个体来说，他们更愿意在活动中投入更多的时间和精力，不断挑战自己的极限，追求更高的运动水平。这种持续性的投入有助于培养个体的毅力和坚韧品质，提高他们的冰雪体育文化素养。

此外，兴趣还能够激发个体的创新精神和探索欲望。在冰雪体育活动中，个体可能会遇到各种挑战和困难，需要不断尝试新的方法和策略来解决问题。对于对冰雪运动有浓厚兴趣的个体来说，他们更愿意积极思考和探索新的解决方案，发挥自己的创造力和想象力。这种创新精神和探索欲望不仅有助于提高个体的冰雪运动水平，还能够培养他们的创新意识和解决问题的能力，为他们的未来发展奠定坚实基础。

（二）教育因素

教育是个体社会化的重要途径，它不仅传授知识和技能，还培养个体的态度和价值观。首先，教育能够传授冰雪体育的知识和技能。通过系统的课程学习和实践训练，个体可以掌握冰雪运动的基本技术和战术，了解相关规则和礼仪，培养正确的运动姿势和习惯。这种知识和技能的传授为个体参与冰雪体育活动提供了必要的基础，有助于提高他们的运动水平和竞技能力。其次，教育能够培养个体的冰雪体育态度和价值观。正确的态度和价值观是个体积极参与冰雪体育活动、形成良好的冰雪体育文化素养的内在动力。通过教育引导，个体可以树立正确的冰雪体育观念，认识到冰雪运动对身心健康和全面发展的重要性，培养积极向上的运动精神和团队协作精神。这种态度和价值观的培养有助于激发个体的内在动力，促使他们更加主动地参与冰雪体育活动。最后，教育还能够提供冰雪体育活动的实践机会和资源。学校、社会和家庭等教育主体可以为个体提供丰富的冰雪体育活动和实践机会，如组织校内外的冰雪运动比赛、开展冰雪运动培训课程、提供冰雪运动场地和设施等。这些实践机会和资源为个体提供了展示自己才能和锻炼自己的平台，有助于他们在实践中不断提高自己的冰雪体育文化素养。

三、冰雪体育教育对培养高校学生冰雪体育文化素养的促进作用

高校学生冰雪体育文化素养与其人际关系的适应、心理健康、人文素质培养等因素密切相关，冰雪体育教育对培养高校学生冰雪体育文化素养具有积极的促进作用。

（一）促进高校学生之间的密切交流

冰雪体育教育是高校学生形成冰雪体育文化素养的一个重要过程，同时也是培养高校学生社会性的一个重要手段，对于高校学生社会性发展具有十分重要的影响。而所谓的社会性是指个体能够适应社会环境，在社会环境中独立进行人际交往以及独立参与各种社会组织活动，具有独立的思想与思考能力，对于任何事物都有自己独到见解与看法，能够正常地与别人交流与阐述思想，既能够接受别人的建议，同时也能够影响别人，在适

应社会环境过程中能够不断提升自我与完善自我，有着强烈的实现自我价值的愿望，渴望被别人尊重与承认的过程中，努力地实现自我价值。而社会性的显著特点与最大特色就是人际交往，人际交往不仅能够拉近人与人之间的关系，而且也是相互交流的一个重要方式，在冰雪体育教育方面也能够充分体现这种交往方式，例如，师生之间的交流与互动、学生之间的交流与互动等，都是人际交往的重要体现，这种交往不仅能够充分培养学生的人际交往能力与沟通能力，而且还能够促进师生之间、同学之间的关系，这对于促进高校学生社会性发展极具重要意义。

（二）促进高校学生心理健康水平的提高

心理素质是人整体素质中不可或缺的一部分，同时也是人整体素质中重要的一个要素，在一个人整体素质中占有重要地位，它是指一个人对于情感方面、意志方面、认知方面等所体现出来的心理倾向。在心理发展过程中，所形成的心理状态，不仅影响着身体机能的发展，而且很大程度上影响着个体的身心健康。换言之就是个体心理状态对于个体身心健康具有十分重要的影响，良好的心理状态能够使个体树立正确的价值观取向与人生态度，帮助个体葆有积极的人生态度，促进个体身心健康全面发展。而随着生活节奏的加快，面对激烈的市场竞争与来自亲人的较高期许，使得大部分高校学生出现不同程度的心理压力。而冰雪体育运动是一项自由的体育运动，能够使高校学生全身心得到自由与放松，很大程度上缓解高校学生的心理压力，减少高校学生焦虑与紧张的心理压力，消除高校学生在日常生活与学习中的心理压力，帮助高校学生清除各种烦恼与不良情绪。大量的实践表明，高校学生经常参加冰雪体育运动，不仅能够使高校学生形成积极乐观的人生态度与生活态度，而且还能够使高校学生消除焦虑与紧张的心理，缓解高校学生的心理压力，提升高校学生的心理发展水平。因为冰雪体育运动本身是一项具有挑战性的体育运动，参加者需要克服各种来自技术动作与气候环境等方面的困难，只有克服这些困难才能够取得最佳的体育成绩，获得最终的成功，充分锻炼参与者心理素质，较为考验参与者的心理承受能力，而高校学生倘若能够经常参加冰雪体育运动，其心理健康水平能够得到很大提高，无论是对于高校学生今后的发展，还是以后的学习生活，都具有十分重要的意义。

（三）有利于培养高校学生的人文素质和个性的完善

高校学生冰雪体育文化素养的发展是以其人文素质为基础的。因此，高校学生人文素质水平的高低决定了其冰雪体育文化素养的形成。高校学生人文素质指的是高校学生在为人处世方面的基本修养。新时代的高校学生在意识方面，其主体性、参与性、竞争性、公平性、效益性更强，他们能更加明确自身在社会中的定位，所以对实际问题解决方法的求知欲达到了极高的程度，因此高校学生在踏入社会后的适应能力也得到了很大的提升。独立思考能力、自立能力和创新能力是高校学生成才的关键，也是使其更好地适应社会所必需的人文素质。冰雪体育教育中包含多重要素，如人与自然、人际关系及人生发展等，冰雪体育教育既可以培养人的体能、心智和内在精神，也是对身心协调性、思维能力及情操品格等人文素质的锻炼和发展。冰雪体育教育对于学生的培养意义，是任何理论教学都不能替代的。寒冷的天气环境增加了运动的难度，同时也增添了很多乐趣。在冰天雪地中运动可以增强学生的生存意识、集体意识，以及面对困难勇于抗争的精神，同时，可以发展学生的创新意识。

近年来，大众对于冰雪体育运动的关注度越来越高，学界对冰雪体育运动的研究也在不断增加。从学科层面来看，冰雪体育文化素养是体育素养的重要分支，而从文化层面来看，冰雪体育文化素养也是冰雪文化素养的重要组成部分。但冰雪体育文化素养与冰雪文化素养还是存在根本性的区别，冰雪文化素养指的是冬季体育运动过程中，人们所体现出的个人品质、价值观等基本文化修养，因此冰雪文化素养主要是人文和精神层面的体现，而冰雪体育文化素养则主要是行为、能力层面的体现。在现代社会中，冰雪文化素养对于个人发展过程的额外加成越来越明显，这也使得更多的人开始关注冰雪文化素养的价值和作用体现。

冰雪体育文化素养的概念界定，大多是基于对体育素养和冰雪文化素养相关研究成果的提炼。臧荣海给出了自己关于冰雪体育文化素养的定义，指的是个体进行与冰雪相关的体育运动、文化活动过程中形成的自身素养。刘滨则对高校学生冰雪体育文化素养的内涵进行了界定，个体在冰雪体育文化的认识和冰雪体育运动的实践过程中，形成的冰雪体育能力与涵养。高校学生冰雪体育文化素养综合了多种冰雪体育精神和品质，且组成要素十分丰富，包括冰雪体育知识、技能、意识、精神以及行为等，是高校学生素质的重要组成部分。

四、冰雪体育教育贯穿高校学生冰雪体育文化素养的途径

（一）整合冰雪体育课程开发资源培养高校学生的综合素质

《中共中央 国务院关于深化教育改革全面推进素质教育的决定》提出，要调整和改革课程体系、结构、内容，建立新的基础教育课程体系，试行国家课程、地方课程和学校课程。改变课程过分强调学科体系、脱离时代和社会发展以及学生实际的状况。抓紧建立更新教学内容的机制，加强课程的综合性和实践性，重视实验课教学培养学生实际操作能力。以往学校体育只重视运动技术、技能的传授，忽视了学生实践能力的培养。随着课程改革不断向深度和广度推进，学生适应社会、适应自然活动显得十分重要。拓展冰雪体育课程空间、整合冰雪体育课程、开发资源、将校外冰雪体育活动场所（如社区、校外俱乐部等）自然环境等纳入冰雪体育课程空间，通过学生参与社会冰雪体育活动，对加快学生的社会化进程将起到积极的作用。学校在结合自己的特点，制定学校冰雪体育课程实施计划时，应进行适合本校实际情况的冰雪体育课程资源开发。冰雪体育课程资源是指能够构成冰雪体育课程活动所需要的一切素材和条件。冰雪体育课程内容资源具有素材性、条件性，冰雪体育课程资源的组成部分是构成冰雪体育课程内容要素的来源。冰雪体育课程内容资源是实现冰雪体育课程目标及冰雪体育课程实施的基础和保障，冰雪体育课程内容资源的整合与

拓展，有利于发展冰雪体育课程内容体系，促进冰雪体育课程内容改革。通过冰雪体育课程内容改革，实现冰雪体育课程目标，强调适应和发展学生的个性，为学生提供丰富多彩的冰雪体育课程内容资源，提高学生参与冰雪体育学习的主动性，使学生在愉悦中掌握冰雪体育的知识、技能培养能力、陶冶情操。关注学生的发展，满足学生的冰雪体育需求。突破原有的冰雪体育课程结构，改变单一的冰雪体育课型，在原有速度滑冰课的基础上，增设越野滑雪、冰壶等新兴项目。

根据高校学生社会适应能力培养构建冰雪体育教育体系，主动适应社会发展的需要。美国著名课程论专家施瓦布曾提出课程设计的"集体审议"模式，课程的集体审议是由校长、教师、学生、社区代表课程专家、心理学家和社会学家等人员组成的课程集体，通过对问题情境的反复权衡而达成一致意见，最终做出行动决策。课程审议的重点应放在教师、学生、学科内容和环境等课程的四个基本要素的相互作用、相互影响方面。以往师生参与冰雪体育课程资源的开发利用，主要体现在微观层面上的冰雪体育课程，实施过程是师生在具体情境中共同合作、创造新的冰雪体育经验的过程，是师生提升、个性成长的过程，还没有在宏观上参与冰雪体育课程资源的开发和创造。教师应发挥主导作用，尤其要引导学生自主参与体育课程资源的开发利用，让学生积极与学校、社区联系与沟通，让学校和社区根据鲜活的冰雪体育教育现场，选择和开发适合学生个性发展和学生特色的冰雪体育校本课程，使课堂内外、校内外有机结合，学校与社会紧密联系，促进学生素质的全面发展。

高校学生的自主选择性更强，且高校学生经过长时间的教育和学习，大都具有较高的文化素养和体育素养，加以合理引导便可以成为一股强大的新生力量，充分推动和稳固冰雪体育运动的持续发展。因此，想要在我国普及正确的冰雪体育运动价值观念，应当选择合适的发展路径和发展对象。以高校学生群体为突破点和重点，循序渐进地推进冰雪体育文化素养的普及发展。综上所述，高校学生是培养冰雪体育文化素养的关键阶段。要抓住这一时机，充分利用学生对冰雪体育运动的兴趣，普及相应的冰雪体育运动知识，并在实践过程中对其积极引导，让学生充分了解到冰雪体育运动对自身发展的重要性，培养学生自主学习和参与的意识，引导学生树立正确的冰雪体育运动价值观，同时正确的价值观反过来又促进学生冰雪体育文化素养的提升。一方面，学校作为培养高校学生的重要基地，不可避免地应当承担起对学生的引导责任。通过开展多样化的课外活动，组织冰雪体育运动知识竞赛、冰雪体育运动比赛、组建冰雪体育运动俱乐部或社团等方式，鼓励学生切身参与冰雪体育运动，为学生营造良好的校园冰雪体育文化氛围。另一方面，传统媒体和新媒体应该并驾齐驱，丰富传播内容和形式、扩大传播覆盖率，营造良好的社会冰雪体育文化氛围，合力引导学生树立正确的冰雪体育运动价值观。

（二）有效组织冰雪体育教学提升高校学生的责任意识

为了更好地开展课堂教学，从而更好地服务学生，需要加强对教育资源的开发与整合。学校中的体育课程是以塑造学生人格和进行责任教育为主要目标。但实际的高校体育教育中，如何更好地实现这一实践发展目标一直是一个难点。而冰雪体育教育为实践发展目标在学校体育教育中的实现提供了新的思路和渠道。例如，速度滑冰可以培养学生的自我激励意识；冰壶可以提高学生的社会责任感。体育教学论专家海尔森提出了以培养学习者个人责任和社会责任为目标的教学模式，在体育学习过程中，学习者通过自控体育学习或是协助他人进行体育学习，促进其个人及社会责任感的发展。

责任是人的基本道德素质的一种，也是提高个人社会适应力的重要能力之一。但责任并不是参与体育相关教育之后就可以自然产生的，它需要在长期的体育活动中，主动体验、感悟、反思和调整，从而积累责任意识。海尔森指出，责任书评取决于责任结构，责任结构可以是"与他"、"与我"或是"与群"。这些关系包含在责任结构的每一个层级中，比如责任行为的初级水平中，"与他"代表着尊重他们进行体育学习的权利和想法，"与我"就是自我参与体育学习，通过获得良好的感受提高自身体能或运动技能。而责任行为的中级水平中，"与他"指的是对他人的体育活动进行帮助和指导，而"与我"则是指学习者具有独立开展体育活动的能力，且能对自身的体育成长过程做出规划，自行负责。责任行为的高级水平是指体育学习者的尽责意识和行为不受场馆类型和体育活动类型的限制，无论是校内还是校外，无论是家庭还是社会，且不管活动是不是属于体育范围内，都能保持尽责意识，做出尽责行为，葆有尽责情感。因此尽责教育的本质是使学生明确尽责的原因、尽责的内容和尽责的做法。

自我学习属于个人责任，帮助他人属于社会责任，在操作层面上，以各种具体类型的体育行为要素为学习内容。如在速滑运动技能的课堂学习中结成一对一帮助小组；冰壶运动中指挥学习小组参与体育竞赛，并相互观察帮助指导其他同学的运动技能学习等。人的责任素质表现并不是单一独立的道德素质，它的发展总是和其他一些社会能力要素体现在一起，如积极、努力合作、参与、自我管理、人际关系处理技能等。人的主体精神经过现代体育的强化，会演变成强烈的社会责任感，借鉴和学习海尔森的个人和社会责任教学模式，让高校学生在冰雪体育教育学习活动中逐步承担起责任，在面临责任时有较多的思考、判断合作和作决定的机会，从而帮助高校学生学会理解"与我"、"与他"和"与群"的关系，使高校学生的责任意识和责任能力得到提高。

体育类院校应凭借自身专业性的优势，综合分析自身整体情况，在能力范围内开设相应的冰雪体育运动专业，修建如滑冰场等相应的冰雪体育运动场馆。目前，首都体育学院开展冰雪体育项目课程主要采用的是校校联合和校企合作两种方式，但是实际课程开展效果还有待提升，且开展的课程多为常见的冰上项目和雪上项目。作为专业院校，首都体育学院应当建立自己的冰雪体育运动场馆，为培养高校学生冰雪体育文化素养提供安全保障，同时提高学校教学质量。此外，冰雪体育专任教师的匮乏也是目前众多高校亟待解决的现实问题，首都体育学院可以通过与哈尔滨体育学院等体育院校开展交流活动，以缓解这一情况，同时聘请高水准的冰雪体育运动教师，为冰雪体育运动参与者提供科学的指导。

(三) 创新冰雪体育课程文化激发高校学生的生命活力

教学目标是通过一定的教学方式进行相关内容的教学来实现的。课程文化创新的特征为符合时代发展要求的教学目标以及促进学生发展的课程内容。有效教学不仅需要涵盖学生的知识构建，还需要关注学生的情感和个性发展。首先，激发学生在学习上的主观能动性，使学生有开始学习的想法，然后再开始相关教学；其次，教学开始之前，应让学生明确即将学习的内容以及相应的学习目标，也就是让学生在开始学习之前明白学什么以及学到什么程度，这样学生在学习过程中才能更加有目的性；最后，站在学生的视角，采用合适的方式，调动学生在学习上的热情和活力。德国教育学家第斯多惠提出，能够激发学生学习主动性的都是好方法。

在心理学中，环境对于学生思维和想象力的产生具有重要影响，民主、和谐、宽松、安全的环境有助于学生发散思维。而良好的师生关系是构建和谐沟通氛围的关键，和谐、温馨的沟通氛围有助于师生双方的心灵沟通。教师是学生心理健康的主要培养者，要想学生心理积极、健康、阳光，老师需要保持更加积极、健康、阳光的心态，并以此来感染学生，让学生从耳濡目染中进行情感发展。学生的情感内涵十分广泛，如兴趣、动机、自信、意志和合作精神等，这些因素对于学生学习过程及学习效果具有重要的影响。教师在教学过程中可以通过情感引导，启发学生思维发展，从而提高学生在课堂中的学习积极性。学生对学习的需求是良好教学的开端，学生的责任感以及学习积极性能够使课程教学从教师的单方面传输转向师生间的对话，这也是课程文化的重要创新。文化的传输是双向进行的，是伴随个体间的互动和相互作用进行的。

冰雪体育教育并不是完全单方面依赖教师，而是需要教师与学生进行合作完成。在冰雪体育教育过程中，教师应灵活运用教学方法，激活学生思维，促进学生自主学习、探究学习、体验性学习和合作学习等多种学习形式的开展。课堂内容和形式的不断创新，可以使学生在课堂学习中体验到更多的乐趣。现代社会中的素质教育更加强调教学过程的综合性和整体性，根据教学需要，进行合适情境的设定，如剖出疑问、制造矛盾、提出问题等，可以有效发展学生思维，激发学生内在精神。美国心理学家佛隆提出了期望理论，该理论认为人的需求或是追求的某个目标反过来会激发人的动机，为其下一步的行动提供动力，并总结出了一个公式：激发力量=效价×期望值。这个公式表示学生在学习过程中目标设定的决心，对这一目标的实现概率有很大影响，决心越坚定，激发动力越大，产生的激发力量也就越大。

教育的最终目的不是传授已有的东西，而是要把人的创造力量诱导出来，用生命、价值观唤醒变化教学策略，善于设计具有探究性、开放性和矛盾性的知识、技能和社会问题，激发学生兴趣、反思和创新。杜威指出，所谓思维或反思就是识别我们所尝试的事和所发生的结果之间的关系思维，就是有意识地努力去发现我们所做的事和所造成的结果之间的特定的联结点，并使两者连接起来。人在不断地成长，知识和能力在不断地提升而经验也成为有生命力的东西。以学生的自主学习、互动学习为主渠道，教学联动运用整体优化的原则，调整具体的教学行为指导学生主动参与、乐于探究勤于实践。教学是一门艺术，互动是一种形式。冰雪体育教育课程本身蕴含着丰富的精神思想和人文因素，文化视野下的冰雪体育课程教学中学生的学习过程不应是直线式的被动接收与掌握的过程，而是一个主动参与和探究的过程。学生的学习是建构性的，而不是完成规定的任务，提倡交流与合作，最终走向自主创新学习。只有这样才能培养出适应千变万化的社会的学生。提高冰雪体育课堂教学质量，必须具有创新冰雪体育课程文化的理念，让冰雪体育教育回归生命，激发高校学生的生命活力。

五、融入就业理念实现冰雪体育教育的双向建构

冰雪体育教育课程在提高身体机能、发展体育技能的同时，兼顾个体的社会情感、行为规范和伦理道德建设。冰雪体育教育教学应与学生的生

活实际相结合，积极融入就业理念，增强冰雪体育教育在学生发展过程中的实际作用，将学生的实际需求以体育知识的形式传授给他们。

冰雪体育教育形式以实践为主，通过各种体育活动，使学生的素质和能力同时得到提升。挫折教育融入冰雪体育教育，可以有效锻炼学生的抗挫折心理；榜样教学法融入冰雪体育教学，可以有效提高学生的进取心；强度练习融入冰雪体育教育，可以有效提升学生的团队精神；冰雪体育教育的多元化和创新性，可以全面塑造学生的心理素质和人格个性。对学生来说，知识和技能的掌握固然重要，但心理和精神层面的强大也是学生人生发展的重要基础。

当两个个体的身体素质大致相同，知识、技能也十分类似的情况下，精神层面这一无形的力量也就成为区分两者之间综合素质高低的重要因素。健康的心理、坚毅的精神以及良好的品格是人们面对各种挑战、更好适应社会的力量源泉。且在现实生活中，实践能力和强大的精神世界要比书本知识更加具有实用性，且人的潜能也主要来源于个人深厚的精神积累。良好的素质基础在人生发展中的作用，是任何知识和能力都无法代替的。高校学生从学校走向社会后，应学会沟通与自我激励，在各种实践中，不断完善自身能力和观念，树立终身学习的意识，不怕挫折，善于合作和学习，自我学习的同时帮助他人，努力适应社会环境和发展模式。

冰雪体育教学的特点之一是学生以身体运动、驾驭冰雪体育器材和适应冰雪环境为主要形式，进行对抗或合作的练习。具有健身性、技能性、竞争性、协作性、游戏性、规则性、实践性；还具有复杂的互动关系、强烈的情感体验以及必须面对竞争与协调、胜利与失败、求胜欲望与规则限制等，使学生深刻地认识到无论学习、生活、工作都需要具有调控自己的能力；具备勇往直前、顽强拼搏、不怕困难、坚韧不拔等优良品质和积极乐观的生活态度。

教师在教学中应很好地结合这些特点，在安排教学内容时，应尽量丰富多彩，使之具有教育性、科学性、主体性、探究性、应用性和发展性。不仅要促进学生的身体健康、发展学生运动技能，还要提高学生心理健康水平和社会适应能力，充分挖掘冰雪体育教学内容本身所蕴含的创新特点和教育功能，以及有效地增强学生的社会适应力。将就业理念融入冰雪体育教学，可以通过各种体育活动模拟学生未来的就业模式，让学生深刻理解团队和自身的关系，以及个体在团队中应该怎样扮演好自身角色，协助团队完成总的既定目标。体育活动尤其是竞技体育活动中，每个成员都是十分重要的，两方之间的比赛，只有更加善于合作的团队才会取得最后的胜利。除了科学、合理的团队管理之外，每个成员对于团队的贡献以及主观、积极的奋斗观念也是战胜对手的关键。而每个体育项目中，胜利不可能永远属于一方，而另一方也不可能永远失败，学习接受失败也是学生挫折教育中的一部分。学生走上工作岗位后，也会遇到这样或那样的难题，顺利解决固然值得庆祝，但接受失败，进行反思，避免重复这种错误，也是学生必须经历和学习的。把冰雪体育实践中的恶劣天气环境当作工作中的挫折，将队员之间的合作当作工作小组的相互配合，在冰雪体育运动中严格遵守相关的规定，即在以后的工作中也要遵守企业的相关制度和国家的法律法规，通过自我努力和团队协作，挖掘自身潜能，积累宝贵经验，并不断提升学生对于艰苦环境的适应能力，这对于学生今后更加顺利地步入社会具有重要意义。冰雪体育教育贯穿高校学生冰雪体育文化素养的培养，对于高校学生认识自我、学会合作、全面发展等方面具有重要意义。树立人文的冰雪体育教育理念，体现现代冰雪体育教育的本质，优化创新冰雪体育教学内容，提高冰雪体育教学内容的时代性，实现冰雪体育教学方法的最优化，充分认识高校学生生理、心理、文化特点和满足其人文体育需求，始终贯穿于高校学生社会适应能力的培养，帮助高校学生经历磨炼、了解自我、懂得与别人合作掌握生存技巧和人际关系技能，深刻体会个体与集体的概念以及奋发努力承担责任的重要性，让高校学生具备发展所必需的基本素质和技能，尽早地融入社会，承担起时代赋予的社会责任。

高校学生冰雪体育素养的培养是提高高校学生综合素质的必然要求，高校要重视冰雪体育教学的重要作用，系统地提高高校学生的冰雪体育文化素养，通过比赛、课外活动、研讨会等途径，全面培养高校学生的冰雪体育素养。

第四节　我国冰雪体育文化的本源、发展及影响因素

一、我国冰雪体育文化产业发展概述

我国冰雪体育文化产业在近年来得到了显著的发展和提升。这个产业的发展涉及了多个方面，包括冰雪运动设施建设、冰雪运动装备制造、冰雪运动人才培养、冰雪赛事举办以及冰雪旅游开发等。

首先，冰雪运动设施建设在我国取得了明显的进展，这得益于国家对冰雪运动场地建设的重视和投入。近年来，我国政府加大了对冰雪运动场地建设的投入，通过财政补贴、税收优惠等政策措施，鼓励社会资本参与冰雪运动场地建设。同时，政府还加强了对冰雪运动场地建设的质量监管，确保场地建设符合国家标准和规范。这些措施的实施，使得冰雪运动场地数量不断增加，质量也不断提升。如今，我国已经建成了许多高水平的冰雪运动场地，如滑雪场、滑冰场、冰雪运动中心等。这些场地不仅为专业运动员提供了训练和比赛的场所，也为广大民众提供了参与冰雪运动的场所。冰雪运动场地数量的增加和质量的提升，为更多人参与冰雪运动提供了更好的条件。越来越多的人开始关注冰雪运动，参与冰雪运动的人数也不断增加。这不仅提高了冰雪运动的普及率，也促进了冰雪体育文化产业的发展。冰雪体育产业的发展，不仅需要良好的场地设施，还需要相关的产业链支持，如冰雪装备制造、冰雪旅游等。这些产业的发展也为冰雪体育产业提供了更多的机会和空间。

其次，我国的冰雪装备制造业在过去几年中得到了迅速的发展，越来越多的企业开始投入冰雪装备的研发和生产，这些企业不仅满足了国内市场日益增长的需求，还有望在国际市场上获得更大的份额。冰雪装备制造业的发展推动了冰雪装备的技术创新和品质提升。如今，我国已经研发出

了一系列具有自主知识产权的冰雪装备，如滑雪板、滑雪鞋、滑冰鞋、雪车等。这些装备不仅在国内市场上受到了广泛欢迎，也逐渐在国际市场上崭露头角。在人才培养方面，我国加强了对冰雪运动人才的培养和引进。各级学校和社会机构纷纷开设冰雪运动课程，培养了一批批优秀的冰雪运动人才。同时，国家也积极引进国际先进的冰雪运动教练和技术，提高了我国冰雪运动的竞技水平。在冰雪赛事举办方面，我国成功举办了2022年北京冬奥会等一系列国际和国内冰雪赛事。这些赛事的举办不仅提高了我国冰雪运动的知名度和影响力，也促进了冰雪体育文化产业的发展。

最后，冰雪旅游开发作为我国冰雪体育文化产业的重要组成部分，近年来也取得了显著的进展。我国拥有丰富的冰雪旅游资源，如壮丽的雪山、广袤的雪原、壮观的冰瀑布等，这些独特的自然景观为冰雪旅游提供了得天独厚的条件。为了充分利用这些资源，各地纷纷推出冰雪旅游产品和线路，以满足不同游客的需求。这些产品包括滑雪、滑冰、雪地摩托、雪地徒步等，线路则涵盖了各种不同的景点和体验。这些产品和线路不仅吸引了国内游客，也吸引了大量国际游客前来体验冰雪运动的乐趣、感受冰雪文化的魅力。在冰雪旅游开发方面，我国还加强了与国际冰雪旅游组织的合作，引进国际先进的冰雪旅游理念和技术，提高了冰雪旅游的品质和水平。同时，我国还加强了对冰雪旅游设施的建设和管理，提高了游客的旅游体验和满意度。冰雪旅游开发为推动我国冰雪体育文化产业的全面发展提供重要的支撑。未来，随着冰雪运动的不断普及和发展，我国冰雪旅游的前景将更加广阔。同时，我国还需要继续加强冰雪旅游设施建设、产品创新、市场推广等方面的工作，为冰雪旅游产业的持续发展提供强有力的支持。

二、我国冰雪体育文化的本源、发展

从我国民族传统文化的发展情况来看，此类型文化是建立在农村文明基础上的一种文化体系，发展的过程中，在宗法制度的基础上形成了完善的传承机制。众所周知，我国文化发展是以农耕文化为源头的，在社会变迁发展过程中，使得我国人民养成了吃苦耐劳、自强不息的精神，但是同时也导致人们重农轻商、缺少冒险精神，这样的农业文化特点，给体育文化也带来了一定影响，即我国民族传统体育文化较为崇尚人与自然和谐统一。诸多民族体育文化都是从农耕生产劳动中不断演变而来的。

冰雪运动是冰雪体育文化的载体，是人类社会生活中的组成部分。在古代，生活在北方地区的人们，由于特殊的地理环境，为了适应严酷的自然环境，在长期生产生活中，人们逐渐认识了大自然，发挥了人类的智慧，创造出了多样的冰雪运动形式。

（一）生存需要促使北方居民创造了多样的冰雪运动形式

1. 我国古代滑雪的产生与演变

在冬季运动项目中，滑雪可以追溯到古代，是人们为了生存和生活在深雪中行走而发明的。有关古代滑雪的最早文字记载见于《山海经》第十八卷《海内经》：有钉灵之国，其民从膝下有毛，马蹄，善走。这是对古代滑雪的最早描述，钉灵之国指的是鄂温克族，他们使用滑雪板在深雪中行走，以狩猎和采集为生。

隋唐时期，滑雪开始在北方地区普及。由于北方地区气候寒冷，为了适应恶劣的自然环境，人们发明了不同长度和宽度的滑雪板。鄂温克族采用的滑雪板以轻而坚固的松木为原料，板面上贴上一层带毛的皮，这样可以增加摩擦力，使滑雪板在雪地上更加稳定。清朝以前，除了北方一些少数民族生活的地区外，滑雪运动开展得并不普及，而且方式也比较简单。但通过史料的记载，无论滑雪技术还是滑雪板，均有了长足的进步。

在古代，滑雪不仅是一种运动，更是人们生存和生活的重要方式之一。在深雪中行走，狩猎和采集都需要借助滑雪板才能进行。随着时间的推移，人们还根据不同地区的情况，发明了不同长度和宽度的滑雪板，以适应不同的地形和气候条件。这些发明不仅体现了古人对自然的认识和适应能力，也蕴含了古人挑战自然、战胜自然的文化元素。

此外，古代滑雪还与军事、文化、旅游等密切相关。在古代的文献中，我们可以看到许多关于滑雪的描述和记载。例如，《北史》中记载了北方民族使用滑雪板进行战斗和追击敌人的情况；《明史》中则记载了明朝军队使用滑雪板进行北方边防工作的情况；《徐霞客游记》中则记载了徐霞客在东北旅行时看到人们使用滑雪板进行旅行和狩猎的情况。

2. 我国古代滑冰的产生与演变

史料记载的冰上活动是从宋代开始，当时统称为"冰嬉"。1625年正月初二，东北建州女真族首领努尔哈赤，曾经在太子河上主持过盛大的冰上运动会。比赛的第一个项目是冰球，然后又进行花样滑冰表演。当时，冠军获赏银20两，亚军10两，这是中国有文献记载的第一次冰上运动会。清朝是中国古代冰嬉的黄金时代，这与统治阶级是满族人的风俗习惯有直接关系。满族人长期生活在我国现在东北地区的白山黑水之间，那里气候寒冷，冬季漫长。在这种特殊的自然条件下，人们很小就学会滑冰滑雪，造就了满族人高超的驾驭冰雪的能力。而满族人也正是借助这一特长，成立了一支善于滑冰的机动性较强的部队，借助这支部队打败蒙古兵。最终依靠自己的军事实力入主关内，随后滑冰也成为其重要的军事训练的内容之一。每年冬至到三九，当冰冻得十分坚实时，清朝的皇帝就要在北京的北海观看盛大的冰嬉（滑冰表演），来校阅八旗清军滑冰。现藏于故宫博物院的乾隆画苑画师金昆、富隆安合绘的《冰嬉图》，生动地再现了当时冰嬉的情景，将当时花样滑冰的高超技艺，栩栩如生地呈现在人们的面前，冰上健儿们姿态各异，各显绝技，鱼贯而行，组成一条巨龙，蜿蜒盘转，非常壮观。

清朝的溜冰器具也有了很大的改善，冰鞋出现了单冰刀、双冰刀两种不同的类型。双冰刀比较平稳，适合初学者练习。与现在的冰刀不同的是，清代的冰刀都比较短，鞋的后跟有一部分下面没有冰刀，这样，可以在需要时用鞋跟触及冰面以便停止滑行，或改变滑行方向。我国是一个多民族的国家，不同的民族依据自己的生存环境文化资源、社会习俗、生活方式创造出了不同的地域文化，冰雪体育文化产生于我国的北方各民族，随着满族人入主中原，也将这种文化带入中原和华北地区，促使冰雪体育文化由生存的需要、战争的必备转为生活娱乐。

3. 我国古代雪橇的产生与演变

雪橇，民间俗称爬犁，是一种冬季特有的运载工具。它的历史可以追溯到古代，当时人们为了在雪地中方便运输笨重的物品或猎物，便将粗大的木棍或树皮连接在一起，从而创造出了雪橇。在我国，史料中关于雪橇的记载多以牲畜（如马、鹿、狗等）牵引为主。这种雪橇在北方广为流传，成为冬季重要的交通工具。在 16 世纪末和 17 世纪初，雪橇被引入军事领域，成为军队在冬季进行物资运输和人员转移的重要工具。随着时间的推移，雪橇逐渐发展成为宫廷和民间的娱乐工具。在宫廷中，雪橇成为王公贵族冬季娱乐的重要选择，他们可以在雪橇上欣赏风景、交流感情。而在民间，雪橇更是成为孩子们冬季玩耍的必备工具，他们可以在雪地上尽情玩耍，感受雪橇带来的乐趣。如今，雪橇已经不仅仅是一种交通工具或娱乐工具，更是一种文化符号。它代表着人们对自然的敬畏和适应，也象征着人们挑战自然、战胜自然的勇气和智慧。同时，雪橇也是一种体育项目，在世界很多地方都有举办雪橇比赛的传统。

4. 我国民间传统冰雪活动的产生与演变

北方是多民族居住的地区，为了适应冬季寒冷的天气，北方居民还创造出了很多的冰雪娱乐项目：轱辘冰、堆雪人、打"滑呲溜"、打冰杂等民俗活动。同时也创造出了具有实用价值的生产劳动：冬季捕鱼与冬季狩猎等活动。清军入关后，滑冰的军事作用越来越小，所以滑冰朝娱乐化方向发展得很快。滑冰与其他的文化娱乐结合而产生的新冰嬉形式，如滑冰与杂技相结合，出现了冰上杂技，像冰上爬竿、盘杠（托着木杠滑行）、飞叉、耍刀、使棒、弄幡等。一些民间的节日庆祝活动，像舞龙、舞狮、跑旱船等也都移到了冰上，在滑行中进行，别有一番风韵。冰床也有了新的发展，在木板下面镶上了铁条，床上坐三四个人，一人在前牵引，行冰如飞，大大加快了滑行速度。据《帝京岁时纪胜》记载：在城外的护城河，还有人以这种拖床运送顾客。此外，在古代中国流传已久的蹴鞠也移到了冰上，出现了冰上蹴鞠，每队由几十人组成，按位置站好，然后将皮革制成的球抛起，球快落地时，大家飞快地滑过去争夺，得到球队的获胜。在《清稗类钞·技勇类》记载清代还有一种称为"打滑挞"的冰上娱乐运动，在滴水成冰的时节，用水浇地，在地上堆成一个三四丈高的冰堆，莹滑无比，然后让身手矫健的兵士，穿带毛的猪皮鞋，从上面挺身直立滑下，能顺利地滑下来不摔跤者为胜。由于我国不同地域有着自身独特的民族文化特点，冰雪体育文化的形成也受到其他地域文化的影响，多样化的冰雪体育文化才得以孕育和传承。

冰雪运动起初是人类向自然环境发起的挑战，更是一种在严寒中孕育而出、蓬勃发展的全新运动文化。古代人们从对极度恶劣的生存条件和对冰雪猖獗肆虐的恐惧敬畏、无力抵御和掌握严寒冰雪瞬息万变之灾难规律，到逐渐适应、认识、驾驭、积累并传承丰富的识雪、御雪、巧用冰雪知识，这是地域文化、民俗文化在历史积淀和自然环境影响下的价值观念、体制制度等文化因素的总和，具有极大的人文社会价值。我国早期的冰雪体育文化作为一种以人和自然资源冰雪为共同载体的区域性文化，具有其独特文化属性，也体现了一种人与冰雪相互交融的美。

(二) 西方冰雪运动的传入促使我国现代冰雪运动发展

冰雪运动在中国有着悠久的历史和深厚的文化底蕴。早在古代，生活在寒冷地区的各民族人民就开展了各种冰雪运动，如滑雪、滑冰、冰球等。这些运动源于生活和生产活动，是人们为了适应自然环境、提高生存能力而创造出来的。随着历史的变迁，现代冰雪运动开始传入我国。第二次鸦片战争后，我国签订了《天津条约》和《北京条约》，英、美、法、意、德、日等国家相继在天津划分租界。此时，现代体育也开始传入我国，而冬季项目滑冰则是首先传入的。

从19世纪90年代开始，现代滑冰在天津逐渐兴起。人们开始在英租界和法租界修建滑冰场，甚至还成立了天津滑冰俱乐部。到了20世纪初，现代花样滑冰和冰球也开始出现。这些运动的兴起和发展，为我国冰雪运动奠定了基础。随着时间的推移，冰雪运动逐渐传播到我国其他地区。1896 年，沙皇俄国迫使清政府签订《中俄密约》和《中俄合办东省铁路公司合同章程》，俄国和日本先后在大连和哈尔滨修建滑冰场，成立冰上俱乐部。这些俱乐部的成立，为冰雪运动在中国的传播和发展提供了重要的推动力。到了 20 世纪 30 年代以后，滑冰已经遍及东北各大中城市以及铁路沿线各站点。这些地方的滑冰场和俱乐部如雨后春笋般涌现，为人们提供了更多的运动场所和交流平台。同时，随着铁路的发展，冰雪运动也逐渐向我国南方地区传播。在这个时期，我国冰雪运动得到了进一步的发展和完善。政府开始重视冰雪运动的发展，加强了对冰雪运动的规划和投入。同时，民间组织和团体也开始涌现，为冰雪运动的推广和普及作出了积极的贡献。

我国冰雪运动历经千年的发展和传承，已经成为具有深厚文化底蕴和广泛群众基础的体育项目。它不仅丰富了我国人民的体育文化生活，也为世界冰雪运动的发展作出了重要的贡献。如今，我国已经成为世界冰雪运动的重要力量之一，拥有着众多的优秀运动员和丰富的冰雪资源。同时，我国也在积极推动冰雪运动的普及和发展，让更多的人能够享受到冰雪运动的乐趣和魅力。

冰雪运动不仅仅是一项竞技体育比赛项目，更是一种具有深远影响和价值的文化现象。它不仅体现了夏季竞技体育比赛项目的竞争和突破自身极限的精神，更是一种带给广大人民群众和学生战胜自然、挑战自我的精神和价值。在冰雪运动中，人们需要克服寒冷、疲劳、困难等种种挑战，不断超越自我，追求更高的目标和更好的成绩。这种精神不仅是一种竞技体育的精神，更是一种人生态度和价值观的体现。它鼓励人们勇敢面对困难，积极进取，不断挑战自我，实现自我价值的最大化。同时，冰雪运动也是一种实践过程。在这种寒冷特殊的自然条件下进行的实践活动方式，通过人们积极参与冰雪运动，学会欣赏、品味冰雪带给人们的乐趣。这种实践过程不仅是一种身体上的锻炼，更是一种精神上的享受。它让人们感受到自然的美好和生命的活力，增强了对生命的热爱和珍惜。此外，冰雪运动也是人类文明的一种成果。它反映了人类对自然的认识和改造能力，体现了人类智慧和创造力的无穷潜力。同时，冰雪运动也是人类文化的重要组成部分，它丰富了人们的精神世界和文化生活，为人类文明的发展作出了重要的贡献。

（三）冰雪体育文化随着时代的变迁而发生转变

文化变革是社会变迁的重要组成部分，主要影响因素来自社会的变迁。在这个过程中，文化的变迁过程是一个解构、融合与再创造的过程。这意味着，随着社会的不断发展，传统文化和价值观逐渐受到挑战，需要进行重新审视和调整，以适应新的社会需求和时代要求。我国传统冬季体育项目是我国文化的重要组成部分，许多都是从生产劳动中演变而来的。例如，"狗拉爬犁"就是人们利用牲畜牵引，将猎杀的野兽运回居住地的生产活动演变而来的。这个传统体育项目不仅体现了人们的生活方式和生产技能，还蕴含着浓郁的民族文化和地域特色。然而，随着社会的变迁和文化的交融，传统冬季体育项目也在不断地发展和变化。中古时期的冰雪体育，以服务朝廷为政治指向，注重的是礼仪和仪式，强调的是权力和地位的象征。随着近代西方冰雪运动传入我国东北和华北地区，占支配地位的体育理念从"以朝廷为本"转向"以国家为本"。这一转变不仅是文化交融的结果，也是社会发展的必然趋势。现代社会，政府的体育理念又从"以国家为本"向"以人为本"方向转化。这意味着，政府开始更加注重人民群众的利益和需求，将体育事业的发展与人民群众的利益紧密结合在一起。这种转变不仅是文化变革的体现，也是社会进步的标志。

冰雪体育文化理论是建立在文化生态学的概念基础上的。即冰雪体育文化是在自然存在物——冰和雪的基础上，经过不同历史背景下人们对冰雪认识程度的不同，深入挖掘，形成了冰雪初步形成阶段、冰雪应用发展阶段、冰雪体育活动阶段、冰雪体育消费享用阶段。冰雪初步形成阶段，即人们利用自然冰雪为自身的生存创造出了各种冰雪运动形式，以此满足人们在冰天雪地里生存的需要，这是冰雪体育文化的物质成果；冰雪应用发展阶段即人们在满足了基本的生存基础上，创造出很多以冰雪为主题的娱乐活动或借助冰雪完成战争的需要，以此丰富人们的业余生活和实现统治阶级的利益；冰雪体育活动阶段，是冰雪文化的重要组成部分，即以冰雪为主的健身生活方式，使人们在冰与雪的世界里进行各种冬季体育活动，甚至参加世界比赛，不仅丰富了冰雪运动方式，而且繁荣了冰雪文化的舞台；冰雪体育消费享用阶段，即随着人们生活水平的不断提高，冰雪体育产业成为当今社会经济发展的增长点。

三、我国冰雪体育文化的特征

（一）地域性和民族性相结合

在我国，西部高山冰川积累区的冰雪面积达到了 9 万平方千米，但其中只有 420 万平方千米的面积能够形成有效降雪，并成为一种资源为社会服务。这些稳定季节的冰雪主要集中在东北、内蒙古东部和北部、新疆北部和西部以及青藏高原区域。这些地区由于特殊的地理和气候因素，形成了独特的气象资源，为冰雪文化资源的开发与利用提供了广阔的空间。然而，华北和中原地区的冰雪运动却受到天气的影响，多以冰上的各种运动为主。这不仅彰显了我国冰雪体育文化的地域特征，也反映了不同地区的地理和气候条件对冰雪运动的影响。

东北地区由于冬季漫长且寒冷，冰雪运动得到了广泛的开展。这里的冰雪运动项目众多，包括滑雪、滑冰、雪地足球等，吸引了大量的爱好者参与。同时，东北地区的冰雪文化也丰富多彩，如冰雕、雪景等，为人们提供了欣赏自然美景和感受冰雪文化的机会。在内蒙古东部和北部地区，由于地势高寒，冰雪运动同样得到了广泛的开展。这里的冰雪运动项目包括滑雪、滑冰、雪地摩托等，为人们提供了体验冰雪运动的乐趣和挑战自我的机会。同时，内蒙古地区的冰雪文化也独具特色，如蒙古族的雪地赛马、雪地摔跤等传统体育项目，展现了蒙古族人民的勇敢和智慧。在新疆北部和西部地区，由于气候干燥寒冷，冰雪运动也得到了广泛的开展。同时，新疆地区的冰雪文化也丰富多彩，如维吾尔族的雪地舞蹈、哈萨克族的雪地赛马等传统体育项目，展现了新疆各族人民的热情和活力。在青藏高原区域，由于海拔高、气候寒冷干燥，冰雪运动同样得到了广泛的开展。同时，青藏高原地区的冰雪文化也独具特色，如藏族的雪地舞蹈、藏戏等传统体育项目和文艺形式，展现了青藏高原人民的独特文化和精神风貌。

我国不同地区的冰雪运动和冰雪文化具有鲜明的地域特征。这些差异不仅彰显了我国冰雪体育文化的多样性和丰富性，也为人们提供了体验不同地域文化和感受不同冰雪运动魅力的机会。

（二）实用性和复杂性相结合

在人类早期阶段，冰雪资源的开发主要是为了满足生活在北方严寒地区的人们日常生活的需求。由于生产力的原因，人们主要利用冰雪资源进行生产和交通，如滑雪、滑冰等，这些活动在当时具有实用性。除了生产、交通外，冬季传统体育的军事功能也是显而易见的。例如，努尔哈赤曾专门训练了一支善于滑冰并配有冰橇的作战部队，专门用于冬季作战。随着清朝的入关，冬季传统体育的军事、生产功能在华北地区日渐消退，而冬季体育的健身娱乐功能日渐突出，并上升到了主体地位。冬季运动逐渐成为人们喜爱的娱乐活动，深受达官贵族和平民百姓的热爱。在这个时期，华北地区的冬季运动逐渐形成了自己的文化特征，展现出了独特的魅力。然而，随着近代西方冬季体育运动项目的传入，这些传统的冬季运动项目逐渐被边缘化。在东北地区，由于对特有的传统冬季体育项目重视不够，很多传统的冬季项目所生存的环境、土壤消失或处于消亡的边缘。同时，很多少数民族传统的体育冬季项目所使用的传统体育工艺制作失传，越来越多的年轻人放弃了对传统冬季体育项目的兴趣，致使很多少数民族冬季传统体育项目面临失传的困境。这种情况不仅仅发生在东北地区，华北、西北以及中原地区也面临着同样的问题。尽管这些地区的冬季运动项目也有着悠久的历史和独特的文化特色，但随着西方冬季体育运动项目的传入和普及，这些传统项目逐渐失去了市场和影响力。

为了保护和传承这些传统冬季体育项目，我们需要采取措施加以保护。首先，政府可以加强对这些项目的支持和投入，为它们提供更多的资源和平台。其次，教育部门可以在学校教育中引入这些传统项目，让更多的人了解和掌握这些技能和知识。此外，媒体也可以加强对这些项目的宣传和推广，提高公众对它们的认知度和兴趣。同时，我们也需要认识到这些传统冬季体育项目的价值和意义。它们不仅是文化遗产的重要组成部分，也是人们健身娱乐、传承文化的重要途径。因此，我们应该在保护和传承这些项目的同时，积极推广它们，让更多的人了解和喜爱这些传统冬季体育项目。保护和传承传统冬季体育项目是我们每个人的责任和义务，我们应该加强对它们的支持和投入，让它们在新的时代里焕发出新的生机和活力。

(三) 娱乐性与健身性相结合

随着生产力的显著提高，人类对于冰雪资源的认识逐步加深。冰雪资源不再仅仅是满足人们日常生活需求的自然资源，其内在的文化价值也逐渐被人们挖掘出来，并赋予其更深刻、更高的价值表现。在北方各族先民的眼中，冰雪是他们生活的重要组成部分。他们利用冰雪进行狩猎、交通、生产和娱乐等活动，同时也将冰雪视为一种神灵的象征。他们认为冰雪是恩惠之神，给予他们生存和发展的机会。因此，冬猎成为北方各族先民的重要活动之一。随着时间的推移，冰雪运动和冰雪艺术逐渐脱颖而出。人们开始利用冰雪进行各种运动和娱乐活动，如滑冰、滑雪、雪地足球等。这些活动不仅成为人们休闲娱乐的一种方式，也逐渐发展成为国际性的体育比赛项目。到了乾隆皇帝的时候，将冰嬉定为国俗盛典。冰嬉包括了许多种竞技表演和游戏娱乐，如堆雪人、打雪仗、坐爬犁、溜冰等。这些活动不仅具有表演性，还具有很强的娱乐健身性。在冰嬉活动中，人们可以尽情享受冰雪带来的快乐，锻炼身体，增强体质。同时，冰雪艺术也逐渐发展起来。人们开始利用冰雪进行雕塑、绘画等艺术创作。这些作品不仅展现了冰雪的美感，也传达了人们对冰雪文化的理解和热爱。随着生产力的提高和人类对冰雪资源认识的加深，冰雪资源逐渐被赋予了更深刻的文化价值。冰雪运动、冰雪艺术等相继脱颖而出，成为人们生活的重要组成部分。这些活动不仅丰富了人们的生活，也展现了人们对冰雪文化的热爱和追求。

四、冰雪体育文化发展的几大关键因素

（一）冰雪运动的发展与普及

冰雪运动的发展与普及是冰雪体育文化发展的基础。为了吸引更多的人参与冰雪运动，提高冰雪运动的竞技水平和推广冰雪运动知识技能是非常重要的。首先，提高冰雪运动的竞技水平是吸引人们参与的关键。只有当冰雪运动的竞技水平足够高，才能吸引更多的观众和运动员前来观赏和参与。因此，需要加强对冰雪运动的科学研究和技术创新，提高运动员的训练水平和比赛质量，让冰雪运动更加精彩、更具观赏性。其次，推广冰雪运动知识和技能也是非常重要的。只有当人们了解和掌握冰雪运动的基本知识和技能，才能更好地参与其中。因此，需要加强对冰雪运动的宣传和教育，通过各种渠道向公众普及冰雪运动的知识和技能，提高人们对冰雪运动的认知度和兴趣。最后，举办各种冰雪赛事也是推动冰雪体育文化发展的重要手段。通过举办各种冰雪赛事，可以吸引更多的观众和运动员前来观赏和参与，提高冰雪运动的知名度和影响力。同时，这些赛事也可以为运动员提供更多的比赛机会和交流平台，促进冰雪运动的竞技水平和技术的提高。提高冰雪运动的竞技水平、推广冰雪运动知识和技能以及举办各种冰雪赛事是推动冰雪体育文化发展的关键因素。只有当这些方面得到充分的关注和投入，才能让更多的人了解和参与冰雪运动，从而推动冰雪体育文化的发展。同时，这些举措也需要政府、社会各界和广大人民群众的共同努力和支持，才能形成全社会共同关注、共同推动冰雪体育文化发展的良好氛围。

（二）冰雪文化的营造与传播

冰雪文化的营造和传播是冰雪体育文化发展的重要支撑，这一点不容忽视。冰雪文化不仅仅是一种体育文化，更是一种独特的民族文化，它蕴含着深厚的历史底蕴和丰富的文化内涵。首先，挖掘和传承冰雪文化是推动冰雪体育文化发展的关键。冰雪文化源远流长，它包含了冰雪运动的历史、传统、习俗、艺术等多个方面。通过深入挖掘和传承这些文化元素，可以让更多的人了解和认识冰雪文化，从而增强对冰雪运动的认同感和归属感。其次，推广冰雪文化理念是推动冰雪体育文化发展的重要手段。冰雪文化理念包括追求卓越、挑战自我、团结协作等精神内涵，这些理念可以激励人们积极参与冰雪运动，提高运动水平，同时也可以培养人们的团队精神和爱国情怀。通过各种渠道推广冰雪文化理念，可以让更多的人接受这种文化的熏陶和感染，从而推动冰雪体育文化的发展。此外，加强冰雪文化的传播也是非常重要的。通过各种媒体、网络等渠道传播冰雪文化，可以让更多的人了解和认识冰雪文化，扩大其影响力。冰雪文化的营造和传播是推动冰雪体育文化发展的重要支撑。通过深入挖掘和传承冰雪文化，推广冰雪文化理念，加强冰雪文化的传播等措施，可以让更多的人了解和认识冰雪文化，增强对冰雪运动的认同感和归属感，从而推动冰雪体育文化的发展。

（三）冰雪旅游的兴起与发展

冰雪旅游的兴起和发展为冰雪体育文化提供了更广阔的发展空间，这一点不容忽视。随着人们生活水平的提高和旅游业的快速发展，冰雪旅游逐渐成为一种新兴的旅游形式，受到了越来越多游客的青睐。首先，开发冰雪旅游资源是推动冰雪体育文化发展的重要途径。冰雪旅游资源包括雪景、冰雕、滑雪场、冰雪运动赛事等，这些资源具有独特的魅力和吸引力。通过开发这些资源，可以吸引更多的游客前来体验冰雪运动和冰雪文化，从而促进冰雪体育文化的发展。其次，建设冰雪旅游设施是提高游客体验和推动冰雪体育文化发展的重要手段。冰雪旅游设施包括滑雪场、滑冰场、冰雪运动赛事场馆等，这些设施的建设可以提高游客的体验和舒适度，同时也可以为冰雪运动提供更好的训练和比赛条件。通过建设这些设施，可以吸引更多的游客前来参与冰雪运动，从而推动冰雪体育文化的发展。此外，冰雪旅游还可以带动相关产业的发展，如餐饮、住宿、交通等，这些产业的发展也可以为冰雪体育文化提供更好的支持和保障。

（四）政府政策的支持与引导

政府政策的支持和引导是冰雪体育文化发展的重要保障，这一点非常重要。政府可以通过一系列政策措施，提供资金支持，加强基础设施建设等方式，为冰雪体育文化的发展提供强有力的保障和支持。首先，政府可以制定相关政策来支持和引导冰雪体育文化的发展。这些政策可以包括冰雪运动的发展规划、冰雪文化的保护和传承、冰雪旅游的开发和推广等。通过这些政策的制定和实施，可以引导和促进冰雪体育文化的发展，为其提供政策保障和支持。其次，政府可以提供资金支持来推动冰雪体育文化的发展。这些资金可以用于建设冰雪运动场馆、购买冰雪运动器材、支持冰雪运动员的训练和比赛等。通过这些资金的支持，可以提高冰雪运动的水平和质量，促进冰雪文化的发展和传播。此外，政府还可以加强基础设施建设来支持冰雪体育文化的发展。这些设施可以包括冰雪运动场馆、滑冰场、滑雪场等，以及与冰雪运动相关的配套设施。通过这些设施的建设，可以提供更好的条件和环境，让更多的人参与冰雪运动，从而促进冰雪体育文化的发展。

（五）社会各界的参与支持

社会各界的参与和支持是冰雪体育文化发展的重要力量，这一点不容忽视。企业、社会组织、学校等各方面的参与和支持，可以为冰雪体育文化的发展提供强有力的支持和保障。首先，企业可以通过赞助和支持冰雪运动赛事、冰雪运动队伍等方式，为冰雪体育文化的发展提供资金和物质支持。这些企业可以通过品牌宣传和推广，提高冰雪运动的知名度和影响力，同时也可以通过举办与冰雪运动相关的活动，增强企业的社会责任感和形象。其次，社会组织可以通过组织冰雪运动比赛、推广冰雪文化、提供志愿服务等方式，为冰雪体育文化的发展提供组织和人力支持。这些社会组织可以通过自身的优势和资源，为冰雪体育文化的发展提供专业的指导和帮助，同时也可以通过参与冰雪运动和冰雪文化的活动，增强社会的凝聚力和向心力。此外，学校可以通过开设冰雪运动课程、组织冰雪运动比赛、推广冰雪文化等方式，为冰雪体育文化的发展提供教育和培训支持。这些学校可以通过培养学生的兴趣和技能，提高他们的身体素质和运动水平，同时也可以通过参与冰雪运动和冰雪文化的活动，增强学生的团队精神和爱国情怀。

第四章

冰雪体育文化体系的构建

第一节　冰雪体育文化教育教学体系构建

一、概述

冰雪文化是以冰雪生态环境作为存在条件的独特文化。在这种环境中，人们创造出了独特的文化情境与模式，形成了北纬40度线以北的辽阔的文化布局。我国北方拥有丰富的冰雪资源。在冰雪竞技运动发展的影响下，加大对学校冰雪文化教育教学研究的力度，形成完整的冰雪文化教育教学体系是非常重要的。通过冰雪文化教育教学，可以培养青少年掌握冰雪运动技能，提高身体素质，同时也可以注重学生心理和社会层面的素质的培养。通过冰雪运动的学习和体验，学生们不仅能够锻炼身体，提高身体素质，还可以培养团队合作、竞争意识、自信心等方面的素质。同时，在冰雪文化的熏陶下，学生们也可以更好地了解和认识北方冰雪地域的文化特色，增强对家乡文化的认同感和自豪感。在冰雪文化的推广和传播方面，学校可以发挥重要的作用。同时，学校也可以通过与社区、企业等合作，共同推广北方冰雪地域的文化特色，为我国北方冰雪文化的可持续传播、发展奠定良好的基础。

在我国北方冰雪体育文化教育教学的发展中，我们紧紧围绕冰雪文化的内涵，展现出多元教育的研究亮点。我们将冰雪文化的单一教育变为多元教育，将冰雪生活文化教育、冰雪工艺文化教育、冰雪旅游文化教育纳入传统的冰雪文化教育教学中，与冰雪体育文化教育相结合，形成冰雪文化完整的教学内容。这种多元教育的方式，不仅让学生更好地了解和体验冰雪文化，还培养了他们的综合素质和能力。通过冰雪生活文化教育，学生们可以了解冰雪文化的历史、传统和习俗，增强对家乡文化的认同感和自豪感。通过冰雪工艺文化教育，学生们可以学习制作冰雪工艺品，培养手工艺技能和创造力。通过冰雪旅游文化教育，学生们可以了解冰雪旅游资源、开发和管理等方面的知识，为未来的旅游事业发展作出贡献。在此基础上，我们构建了可持续发展的冰雪文化教育教学体系。这个体系不仅注重学生的知识学习和技能培养，还注重学生的心理和社会层面的素质培养。我们通过多种形式的教学活动，如课堂教学、实践操作、社会实践等，让学生更好地了解和体验冰雪文化，培养他们的综合素质和能力。为了打造我国北方冰雪文化可持续发展的最佳传播途径，我们还积极推广冬季全民健身运动，促进北方青少年儿童健身锻炼习惯的养成和终身体育意识的形成。我们通过各种渠道和形式，如宣传册、宣传片、网络等，向公众宣传冰雪文化和冬季健身知识，提高公众对冰雪文化的认识和兴趣。

二、冰雪体育文化教育教学的发展契机

随着生活水平的不断提高，人们对健康的关注度也越来越高，而全民健身计划纲要的深入实施更是增强了广大群众参与体育活动的积极性。在这种背景下，休闲时代的来临为我国北方冬季带来了勃勃生机，广大群众摆脱了"猫冬""冬天足不出户"的传统观念，开始积极参与各种冰雪运动和活动。近年来，东北老工业基地经济的不断发展，也拉动了我国北方城市冰雪文化的消费水平。人们对于冰雪运动的热情越来越高，各种冰雪文化活动也越来越丰富多样。在这个过程中，地域文化的发展也打造出了北方各种具有地方特色的冰雪文化品牌，如哈尔滨的冰雪大世界、长春的净月潭滑雪场等，这些品牌不仅吸引了大量游客前来体验，也为当地经济

发展注入了新的活力。除了经济和地域文化的发展，冰雪文化的传承也是推动北方冰雪文化发展的重要因素之一。北方民族有着悠久的冰雪文化传统，如冰灯、冰雕、雪地摔跤等，这些传统文化的传承不仅为北方民族树立了冰雪文化发展特色，也为冰雪文化的科学传播提供了坚实的基础。此外，地区一体化的构建也在推动北方冰雪文化的发展。在城市之间构建冰雪文化园区，打造多元化发展的冰雪文化商圈，不仅可以促进城市之间的交流与合作，也可以为游客提供更加便捷和丰富的旅游体验。在"体育强国"目标的带动下，"体育强省"也成为北方城市的重要发展方向之一。冰雪体育的快速发展为北方冰雪文化的发展带来了新的契机，也为冰雪体育文化教育教学的改革和科学传播提供了更加广阔的空间。学校教育作为冰雪文化科学普及的重要途径之一，进行冰雪体育文化教育改革和构建科学完整的冰雪体育文化教育教学体系是责无旁贷的。通过加强冰雪体育课程建设、提高教师教学水平、开展多样化的冰雪体育活动等方式，可以更好地推广和普及冰雪文化，培养更多具备冰雪运动技能和知识的人才，为我国北方冰雪文化的发展做出更大的贡献。

三、冰雪体育文化教育教学体系构建内容

（一）制定明确的冰雪体育教学目标

首先，明确冰雪体育教学的目标是至关重要的。这不仅为整个教学体系提供了明确的方向，也为教师和学生提供了清晰的学习目标。在知识方面，冰雪体育教学应该注重传授学生关于冰雪运动的基本知识，包括运动原理、技术要领、规则解读等。通过系统的学习，学生可以了解冰雪运动的本质和内涵，为后续的学习和实践打下坚实的基础。在技能方面，冰雪体育教学应该注重培养学生的运动技能和竞技能力。通过实践训练，学生可以掌握各种冰雪运动的技能和技巧，提高运动水平和竞技能力。同时，教师还应该注重学生的个体差异，根据学生的实际情况制定个性化的训练计划，确保每个学生都能在适合自己的方式下得到有效的提高。在情感态

度方面，冰雪体育教学应该注重培养学生的兴趣、爱好和价值观。通过参与冰雪运动，学生可以体验到运动的乐趣和挑战，增强自信心和自尊心。同时，教师还应该引导学生树立正确的体育观念和价值观，培养积极向上、团结协作的精神风貌。明确冰雪体育教学的目标对于整个教学体系的构建具有重要意义。只有明确了目标，才能有针对性地制定教学计划和教学方法，确保学生在知识、技能和情感态度方面得到全面的提高和发展。

(二) 开发冰雪体育教材和教学资源

根据教学目标，开发合适的冰雪体育教材和教学资源是冰雪体育教学的重要环节。这些资源可以包括教材、教案、课件、视频、图片等，为教师和学生提供丰富的教学内容和形式。首先，冰雪体育教材是学生学习的基础。教材应该根据教学目标和学生的实际情况进行编写，内容应该包括冰雪运动的基本知识、技能要领、训练方法等。同时，教材应该注重理论与实践的结合，让学生通过教材的学习掌握冰雪运动的原理和技能。其次，教案是教师进行教学设计的依据。教案应该根据教学目标和教材内容进行编写，明确教学目标、教学内容、教学方法和评价方式等。同时，教案应该注重学生的个体差异，根据学生的实际情况制定个性化的教学计划。此外，课件、视频和图片等教学资源也可以为冰雪体育教学提供有力的支持。课件可以帮助学生更好地理解和掌握冰雪运动的技能和技巧；视频可以让学生直观地了解冰雪运动的比赛和训练情况；图片可以让学生更加直观地了解冰雪运动的技术要领和规则。这些资源可以为教师和学生提供丰富的教学内容和形式，帮助学生更好地掌握冰雪运动的技能和知识，提高运动水平和竞技能力。

(三) 加强师资队伍建设

培养一支具备专业知识和技能的冰雪体育教师队伍是推动冰雪体育教育发展的重要保障。为了实现这一目标，可以通过以下方式提高教师的冰雪运动技能和教学能力：首先，加强冰雪体育教师的培训。通过定期举办冰雪运动技能培训班、邀请专家举办讲座和指导等方式，为教师提供专业的培训和学习机会。这可以帮助教师深入了解冰雪运动的原理、技术要领和教学方法，提高他们的专业素养和教学能力。其次，加强冰雪体育教师之间的交流。可以组织教师之间的经验分享会、研讨会等活动，让教师们相互交流教学心得和体会，共同探讨教学中的问题和挑战。这有助于教师们相互学习、共同进步，提高整体教学水平。此外，鼓励教师进行自主学习和研究。教师可以利用互联网、图书馆等资源，自主学习冰雪运动的相关知识和技能，关注最新的研究动态和趋势。同时，学校可以设立科研项目，鼓励教师开展冰雪运动的研究工作，将研究成果应用于实际教学中，提高教学效果。

（四）完善冰雪体育设施

首先，建设滑雪场和滑冰场是冰雪体育设施的核心。滑雪场和滑冰场是进行冰雪运动的主要场所，它们的质量和数量直接影响到冰雪运动的普及和发展。因此，政府、学校和社会各界应该加大对滑雪场和滑冰场建设的投入，提高设施的质量和数量。同时，对于已经存在的滑雪场和滑冰场，应该加强管理和维护，确保设施的安全和正常运行。其次，完善冰雪运动器材是冰雪体育设施的重要组成部分。冰雪运动器材是进行冰雪运动的必要工具，其质量和数量直接影响到运动的效果和安全性。因此，应该加大对冰雪运动器材的研发和生产力度，提高器材的质量和性能。同时，对于已经存在的器材，应该加强管理和维护，确保器材的安全和正常使用。此外，建设和完善冰雪体育设施还需要考虑不同地区的气候条件和地形特点。例如，在南方地区建设滑雪场需要考虑到地形和气候等因素，确保滑雪场的稳定性和安全性。同时，在北方地区建设滑冰场也需要考虑气候等因素，确保滑冰场的正常运行和使用效果。最后，建设和完善冰雪体育设施还需要考虑环保和可持续发展的要求。在建设过程中应该注重环保，减少对环境的破坏和污染。同时，在使用过程中也应该注重节能减排，减少对能源的消耗和对环境的影响。

（五）开展多样化的冰雪体育活动

首先，比赛是冰雪体育活动中最为常见和受欢迎的形式之一。通过组织各种级别的冰雪比赛，如校级、市级、省级、国家级甚至国际级的比赛，可以为学生提供一个展示自己才华、挑战自己极限的平台。同时，比赛也是一种很好的团队合作精神和竞争意识的锻炼。在比赛中，学生需要与队友紧密合作，共同制定策略，相互鼓励和支持，以达到最佳的比赛效果。此外，比赛还可以增强学生的自信心和荣誉感，激发他们更深入地参与冰雪运动的热情。其次，训练是冰雪体育活动中不可或缺的一部分。通过组织各种形式的训练活动，如基础技能训练、专项训练、体能训练等，可以帮助学生提高冰雪运动的技能水平和竞技能力。在训练中，学生需要克服各种困难和挑战，不断超越自己，以达到更高的运动水平。同时，训练还可以培养学生的自律性和毅力，增强他们的意志品质。此外，表演也是冰雪体育活动中的一种重要形式。通过组织各种冰雪表演活动，如冰雕展、雪地舞蹈表演、冰上杂技表演等，可以让学生更加深入地了解冰雪运动的文化内涵和艺术魅力。在表演中，学生需要发挥自己的创造力和想象力，创作出独特的作品或表演节目，以展示自己的才华和个性。同时，表演还可以增强学生的自信心和表现力，提高他们的社交能力和团队协作能力。

（六）加强与社会的合作与交流

与社区、企业等合作，共同推广冰雪文化，提高公众对冰雪运动的认知度和参与度，是推动冰雪运动发展的重要举措。与社区合作，可以为冰雪运动的普及和发展提供更广阔的空间。社区还可以为冰雪运动员提供更多的训练和比赛机会，帮助他们更好地发展和成长。与企业合作，可以为冰雪运动的发展提供更多的资金和支持。同时，企业还可以通过冰雪运动来推广自己的品牌形象，提高知名度和美誉度。通过全社会的共同努力和参与，才能让更多的人了解和热爱冰雪运动，为我国冰雪运动的发展注入新的动力和活力。

（七）建立科学的评价体系

首先，建立科学的评价体系是冰雪体育教学现代化的重要标志。随着教育改革的深入，对于冰雪体育教学的评价也需要与时俱进。科学的评价体系不仅包括对学生技能和知识的考核，还注重对学生学习态度、兴趣、合作精神等方面的评价。这样的评价体系更加全面、客观，能够更好地反映学生的学习情况和教学效果。其次，科学评价体系有助于及时发现问题和不足。通过定期的教学评价，教师可以及时了解学生的学习情况和反馈，发现教学中的问题和不足。这有助于教师及时调整教学策略，改进教学方法和手段，提高教学质量。同时，学生也可以通过评价了解自己的学习情况和进步情况，从而更加有针对性地改进自己的学习方法和态度。此外，科学评价体系还可以促进教师之间的交流和合作。在评价过程中，教师可以相互交流评价方法和标准，分享教学经验和心得。这有助于教师之间的合作和共同进步，提高整个教学团队的教学水平。建立科学的评价体系是冰雪体育教学的重要环节，它不仅有助于提高教学质量、改进教学方法和手段，还可以促进教师之间的交流和合作。因此，我们应该重视科学评价体系的建立和完善，为冰雪体育教学提供有力的支持和保障。

第二节　构建冰雪体育文化体系的重要性

一、促进冰雪运动发展

深厚的冰雪体育文化是冰雪体育运动发展的重要根基，它对于冰雪体育产业的发展具有不可替代的作用。冰雪体育不仅是一项运动，更是一种独特的文化现象，它蕴含着丰富的历史、传统、精神和价值观。当这种文化得到深入挖掘和广泛传播时，它可以为冰雪体育运动的发展提供强大的动力和支持。

首先，深厚的冰雪体育文化能够激发人们对冰雪运动的兴趣和热情。

冰雪运动往往需要在寒冷、艰苦的环境中进行，这需要运动员具备坚韧不拔的意志和顽强的拼搏精神。而这些精神正是冰雪体育文化所倡导的价值观念。当人们了解到这些价值观并深入感受时，他们会被这种精神所感染，从而对冰雪运动产生浓厚的兴趣和热情。这种兴趣和热情是推动冰雪体育运动发展的重要驱动力。其次，深厚的冰雪体育文化能够提升冰雪运动的社会认知度和参与度。冰雪运动在很多地方仍然是一种相对小众的运动，很多人对其了解不多，参与度也不高。然而，当冰雪体育文化得到广泛传播时，更多的人会了解到这项运动的魅力和价值，从而加入这项运动。这种参与度的提升不仅有助于冰雪体育运动的发展，也能够为冰雪体育产业带来更大的市场份额和经济效益。再其次，深厚的冰雪体育文化有助于提高冰雪运动的竞技水平。任何一项运动的竞技水平都与其文化背景密切相关。在冰雪体育领域，一些具有深厚文化背景的国家或地区往往能够在国际比赛中取得优异的成绩。这是因为这些国家或地区的运动员在成长过程中受到了冰雪体育文化的熏陶和影响，他们更能够理解这项运动的精神内涵和技术要求，从而在比赛中发挥出更高的水平。最后，深厚的冰雪体育文化还能够为冰雪体育产业的发展提供附加性价值。随着消费者购买力的提升，他们对于冰雪运动的需求也在不断增加。在这个过程中，冰雪体育文化所带来的附加性价值也会相应提升。例如，一些具有独特历史和文化背景的冰雪运动赛事和表演活动能够吸引更多的观众和赞助商，从而为冰雪体育产业带来更大的经济效益。同时，一些与冰雪体育文化相关的衍生品和服务也能够为产业带来额外的收入来源。

深厚的冰雪体育文化不仅能够激发人们的兴趣和热情，提升社会认知度和参与度，还能够提高竞技水平并为产业提供附加性价值。因此，我们应该加强对冰雪体育文化的挖掘和传播，让更多的人了解和感受到这项运动的魅力和价值，从而推动冰雪体育运动和产业的持续、健康发展。

二、推动地域性特色文化可持续发展

冰雪体育文化是北方地区特有的地域性特色文化，它反映了北方人民在寒冷气候下对体育运动的热爱和追求。这种文化不仅具有独特的文化价值，也是北方地区可持续发展的重要保障。首先，冰雪体育文化的夯实与延展有助于保护和传承北方地区的传统文化。冰雪体育文化是北方人民在长期的生产、生活中形成的，它包含了丰富的历史、民俗、艺术等方面的内容。通过构建冰雪体育文化体系，可以进一步挖掘和整理这些传统文化资源，让更多的人了解和认识北方地区的文化底蕴。其次，冰雪体育文化的夯实与延展有助于推动北方地区的经济社会发展。冰雪体育产业是北方地区的重要产业之一，它不仅为当地提供了就业机会和财政收入，也带动了相关产业的发展。通过构建冰雪体育文化体系，可以进一步推动冰雪体育产业的发展，提高其在国内外市场的竞争力，从而为北方地区的经济社会发展注入新的动力。最后，冰雪体育文化的夯实与延展有助于提高北方地区的国际影响力。冰雪体育文化是北方地区的一张亮丽名片，它在国际上享有很高的声誉。通过构建冰雪体育文化体系，可以进一步推广和传播这种文化，吸引更多的国际友人来北方地区旅游、学习和交流，从而为北方地区的国际交流与合作打开新的局面。

冰雪体育文化的夯实与延展是北方地区地域性特色文化可持续发展的重要保障。通过构建冰雪体育文化体系，可以进一步巩固、拓展与延伸已经形成的冰雪体育文化，保护和传承传统文化，推动经济社会发展，提高国际影响力。因此，我们应该加强对冰雪体育文化的挖掘和研究，制定科学的发展战略和政策，为北方地区的可持续发展做出积极的贡献。

三、普及青少年冰雪运动

南方地区中小学与冰雪场馆或冰雪运动俱乐部的合作，是推动青少年冰雪运动普及发展的重要途径。首先，这种合作可以为青少年提供更多的冰雪运动机会。南方地区的气候条件并不适合冰雪运动的发展，因此青少年接触冰雪运动的机会相对较少。通过与冰雪场馆或俱乐部的合作，可以组织更多的冰雪运动活动，让青少年有机会亲身参与和体验冰雪运动，从而培养他们的兴趣和爱好。其次，这种合作可以为青少年提供更好的冰雪运动资源。冰雪场馆或俱乐部通常拥有专业的教练和设备，可以为青少年提供更好的训练和指导。同时，这些场馆或俱乐部还可以为青少年提供更多的比赛和交流机会，帮助他们提高竞技水平和综合素质。最后，这种合作还可以为青少年提供更好的冬季奥林匹克教育文化活动。冬奥会是一项具有国际影响力的体育盛会，它不仅是一项体育比赛，更是一种文化交流和传承。通过与冰雪场馆或俱乐部的合作，可以组织更多的冬季奥林匹克教育文化活动，让青少年了解奥林匹克精神、了解冰雪运动的历史和文化，从而培养他们的国际视野和文化素养。在东北、华北和西北地区开展冰雪运动进校园等系列活动，也是提高青少年对冰雪运动的兴趣和参与度的重要途径。这些地区的气候条件相对较好，适合开展冰雪运动。通过将冰雪运动引入校园，可以让更多的青少年了解和接触这项运动，从而培养他们的兴趣和爱好。

鼓励南方地区市中小学积极与冰雪场馆或冰雪运动俱乐部建立合作，促进青少年冰雪运动普及发展，同时积极开展冬季奥林匹克教育文化活动，在东北、华北和西北地区开展冰雪运动进校园等系列活动，有助于提高青少年对冰雪运动的兴趣和参与度。这些措施不仅可以为青少年提供更多的冰雪运动机会和资源，还可以培养他们的兴趣和爱好，提高他们的身体素质和竞技水平。因此，我们应该加强推广和应用这些措施，为青少年冰雪运动的普及和发展做出积极的贡献。

四、提高公众认知度和参与度

与社区、企业等合作共同推广冰雪文化，是推动冰雪运动普及和发展的重要途径。这种合作不仅可以提高公众对冰雪运动的认知度和参与度，还可以为冰雪运动的普及和发展提供更广阔的空间和资源，让更多的人了解和接触冰雪运动，激发他们对冰雪运动的兴趣和热情。首先，与社区合作可以为冰雪运动的普及和发展提供更广阔的空间。社区是人们生活和活动的重要场所，通过在社区中开展冰雪文化宣传、组织冰雪运动活动、建设冰雪设施等方式，可以让更多的人了解和接触冰雪运动。例如，可以在社区公园、广场等公共场所建设冰雪运动场地，让居民在日常生活中就能接触冰雪运动。同时，还可以组织社区内的冰雪运动比赛和活动，让居民在参与中感到冰雪运动的乐趣和魅力。其次，与企业合作可以为冰雪运动的发展提供更多的资金和支持。企业可以通过投资冰雪运动项目、赞助冰雪比赛、合作开发冰雪旅游等方式，与冰雪运动实现共赢。例如，一些大型企业可以在自己的员工福利中增加冰雪运动的元素，鼓励员工参与冰雪运动，提高员工的身体素质和团队凝聚力。同时，还可以与冰雪场馆或俱乐部合作，共同推广冰雪运动，提高冰雪运动的知名度和影响力。此外，与国际社会的交流可以引进先进的冰雪运动理念和技术。通过参加国际冰雪比赛、举办国际冰雪论坛、开展国际冰雪交流等方式，可以了解到国际上最新的冰雪运动发展趋势和技术创新，为我国冰雪运动的发展提供有益的借鉴和参考。同时，还可以通过与国际社会的交流，推广我国的冰雪文化，提高我国的国际形象和影响力。

五、促进经济发展

随着社会的进步和人们生活水平的提高，终身体育价值观念越来越受到人们的关注和认可。这种观念的普及不仅对冬季体育活动选择与消费产生了重要影响，而且对整个社会经济的发展和文化素质的提升都起到了积极的推动作用。首先，人们的消费意识已经从单纯的购物向休闲娱乐转变。这种转变使得包括休闲健身在内的冬季体育活动在城乡得到了广泛的普及。冰雪运动作为冬季体育活动的重要组成部分，逐渐形成了一种大众冰雪体育文化。这种文化不仅丰富了人们的生活方式，还为经济发展注入了新的活力。以东北地区的冰雪节为例，这个节日以冰雪为主题，通过举办各种冰雪活动，如滑雪、滑冰、雪雕等，吸引了大量的游客前来参与。人们在欣赏冰雪景观的同时，也参与了各种冰雪活动，这不仅满足了人们日益增长的物质文化需求，还拉动了产业链的形成，推动了地方经济的发展。除了东北地区，其他省份和地区也在积极推广冰雪运动。例如，上海、深圳、内蒙古、北京等省、市、自治区、直辖市都相继兴建了室内外滑雪场所，推出了冰雪体育旅游项目。这些项目的推出不仅为当地经济发展注入了新的活力，还为人们提供了更多的休闲娱乐选择。冰雪体育旅游已经成为区域经济发展速度快、影响大、具有发展潜力的支柱产业之一。随着人们对冰雪运动的热情不断高涨，冰雪体育旅游将逐渐成为地方经济发展的最重要的增长点。此外，冰雪运动的发展还对文化素质的提升起到了积极的推动作用。通过参与冰雪运动，人们不仅可以锻炼身体，还可以培养坚韧不拔的意志品质和团队协作精神。这些品质和精神对于个人成长和社会发展都具有重要的意义。终身体育价值观念的普及对冬季体育活动选择与消费产生了重要影响，这种影响不仅体现在经济方面，还体现在文化素质的提升方面。

六、促进社会和谐

自从 1996 年我国开始举办综合性冰雪体育赛会，我国的冰雪体育经济逐步形成。这些赛会不仅推动了冰雪运动的发展，也促进了冰雪产业的发展，为我国的经济社会发展注入了新的活力。随着时间的推移，我国的冰雪体育文化逐渐步入发展的快车道。尤其是 2007 年亚冬会和 2009 年世界高校学生冬季运动会在我国召开，为我国开展丰富的冰雪体育交流活动提供了重要的契机。这些活动不仅让更多的人了解和接触冰雪运动，也促进了冰雪文化的传播和发展。建设社会主义和谐文化、培育和谐精神是当今社会的重要任务之一。为了实现这一目标，必须以和谐创建活动为载体，使人们在创建实践中受到教育、得到提高。这些活动包括冰雪文化节、冰雪运动比赛、冰雪艺术展览等，通过这些活动可以让人们更加深入地了解冰雪文化，提高文化素质和意识水平。同时，我们还需要注重冰雪文化的传承和发展。通过加强冰雪场馆的建设、提高教练员和运动员的素质、推广冰雪运动知识等方式，可以促进冰雪文化的传承和发展。此外，我们还可以通过举办各种冰雪文化活动，如冰雪诗歌朗诵会、冰雪摄影展等，丰富人们的文化生活，提高人们对冰雪文化的认识和了解。

我国的冰雪体育文化已经步入发展的快车道，为我国的经济社会发展注入了新的活力。为了进一步推动冰雪文化的发展，我们需要注重和谐创建活动的开展、加强冰雪文化的传承和发展、丰富人们的文化生活等方面的工作。只有这样，我们才能更好地推动我国冰雪体育文化的繁荣发展。

2009年世界大学生冬季运动会的举办，无疑为人们带来了一次深刻的冰雪体育精神洗礼。这场盛大的体育盛会不仅展示了冰雪运动的魅力，更传递了公平竞争、团队协作、自强不息、科学求实、敬业进取的冰雪体育精神。冰雪体育文化，作为一种隐形文化，它通过体育教学、体育活动、体育竞赛等形式，对参与者的体育意识、协作进取精神、工作热情等精神方面产生积极的影响。这种文化不仅有助于增强参与者的体质健康，更能够磨炼他们的意志品质，培养他们的顽强拼搏精神，并逐渐养成终身体育意识。在冰雪体育文化的熏陶下，人们可以亲身感受到冰雪运动的魅力所在。这种文化在实践中产生，又在实践中得以发展和升华。它不仅能够感染和激发参与者的冰雪运动意识，更能够使他们在实践中领略到其魅力和价值所在。从更深远的意义上来说，冰雪体育文化是社会主义先进文化的组成部分。它不仅能够不断丰富人们的精神世界，更能够增强人们的精神力量，所形成的冰雪体育精神，能够促使社会充满活力，对构建和谐社会具有重要意义。在全面建成小康社会的进程中，冰雪体育文化的作用不可忽视。它不仅能够提高人们的身体素质，更能够培养人们的团队协作精神、顽强拼搏精神和终身体育意识。这些精神品质对于推动社会进步、促进人的全面发展具有重要意义。因此，我们应该更加重视冰雪体育文化的传承和发展。

第三节 构建冰雪体育文化体系的具体措施

一、制定冰雪体育文化发展规划

制定冰雪体育文化发展规划是构建冰雪体育文化体系的重要步骤。这个规划需要明确发展目标、任务和措施，为整个冰雪体育文化的发展提供明确的指导。首先，制定冰雪体育文化发展规划需要明确发展目标。这些目标应该包括提高冰雪运动的普及程度、提升冰雪运动的专业水平、推动冰雪运动的国际交流与合作等。这些目标应该具有可操作性和可衡量性，以便评估和监测整个冰雪体育文化的发展情况。其次，制定冰雪体育文化发展规划需要明确任务和措施。这些任务和措施应该包括加强冰雪场馆的建设和运营、培养专业的教练员和运动员、推广冰雪运动知识、举办冰雪赛事和活动、加强国际交流与合作等。这些任务和措施应该具体、可行，便于实施和落实。最后，制定冰雪体育文化发展规划需要注重可操作性和可持续性。这个规划应该考虑到实际情况和未来发展趋势，制定出切实可行的实施方案。同时，这个规划也应该注重可持续性，确保整个冰雪体育文化的发展能够长期稳定地进行。

二、加强冰雪场馆建设

加大投入，建设高水平的冰雪场馆是推动冰雪运动发展的重要保障。冰雪场馆是冰雪运动的主要场所，其设施水平和运营效率直接影响到冰雪运动的普及和发展。首先，建设高水平的冰雪场馆需要投入大量资金。政府和社会各界应该加大对冰雪场馆建设的投入，确保场馆的建设质量和运营效率。同时，政府还可以通过制定优惠政策，鼓励企业和社会资本参与冰雪场馆的建设和运营，形成政府与市场共同推动的格局。其次，建设高水平的冰雪场馆需要注重设施的完善和更新。冰雪场馆应该具备先进的设施和设备，如滑雪道、滑雪板、冰场等，以确保运动员和观众的体验和安全。同时，冰雪场馆还需要定期进行设施的更新和维护，确保设施的正常运转和安全性。最后，建设高水平的冰雪场馆需要注重场馆的运营和管理。冰雪场馆的运营和管理需要专业的人才和团队，他们需要具备专业的技能和管理经验，以确保场馆的高效运营和优质服务。同时，冰雪场馆还需要注重市场营销和推广，吸引更多的观众和运动员前来参与冰雪运动。政府和社会各界应该加大对冰雪场馆建设的投入，注重设施的完善和更新，以及场馆的运营和管理。只有这样，才能为冰雪运动提供良好的硬件条件，推动冰雪运动的普及和发展。

三、培养冰雪运动人才

加强冰雪运动教练员、运动员的培养和培训，是推动冰雪运动发展的重要环节。教练员和运动员是冰雪运动的核心力量，他们的专业素质和技能水平直接影响到冰雪运动的竞技水平和整体发展。首先，要加强冰雪运动教练员的培养和培训。教练员是冰雪运动训练和比赛的重要指导者，他们的专业素质和技能水平直接影响到运动员的训练效果和比赛成绩。因此，应该加强对教练员的培训和培养，提高他们的专业素质和技能水平，使他们能够更好地指导运动员的训练和比赛。其次，要加强冰雪运动员的培养和培训。提高他们的竞技水平和技能水平，使他们能够更好地参与冰雪运动的训练和比赛。最后，要加强冰雪运动教练员和运动员的交流和合作。教练员和运动员是冰雪运动的重要组成部分，他们的交流和合作可以促进彼此之间的理解和信任，提高训练和比赛的效果。因此，应该加强教练员和运动员之间的交流和合作，促进彼此之间的学习和进步。

四、推广冰雪运动知识

通过各种渠道和形式推广冰雪运动知识，是提高人们对冰雪运动的认识和了解，激发人们对冰雪运动的热情和兴趣的重要途径。首先，可以通过学校教育来推广冰雪运动知识。学校是人们接受教育的主要场所，也是推广冰雪运动知识的重要渠道。可以在学校的体育课程中加入冰雪运动的内容，让学生了解冰雪运动的规则、技巧和历史等知识。同时，还可以组织学生参加冰雪运动比赛和活动，让他们亲身体验冰雪运动的乐趣和魅力。其次，可以通过媒体宣传来推广冰雪运动知识。媒体是人们获取信息的主要途径，也是推广冰雪运动知识的重要手段。可以通过电视、广播、报纸、杂志等媒体宣传冰雪运动知识，介绍冰雪运动的规则、技巧和历史等，提高人们对冰雪运动的认识和了解。此外，还可以通过举办冰雪运动赛事和活动推广冰雪运动知识。冰雪运动赛事和活动是人们参与冰雪运动的重要途径，也是推广冰雪运动知识的重要手段。可以举办各种类型的冰雪运动赛事和活动，如滑雪比赛、冰球比赛、雪地足球比赛等，让更多的人了解和参与冰雪运动。同时，还可以在活动中设置冰雪运动知识展板、宣传册等，让人们更加深入地了解冰雪运动的知识和技巧。

五、举办冰雪赛事和活动

积极举办各种冰雪赛事和活动，是推动冰雪运动普及和发展的重要手段。冰雪运动会、冰雪嘉年华等赛事和活动，不仅可以让更多的人亲身体验冰雪运动的乐趣和魅力，还可以提高人们对冰雪运动的认识和了解，激发人们对冰雪运动的热情和兴趣。首先，举办冰雪运动会可以吸引更多的人参与冰雪运动。冰雪运动会是一项综合性的冰雪赛事，涵盖了多种冰雪项目，如滑雪、滑冰、冰球等。通过举办冰雪运动会，可以让更多的人了解和参与冰雪运动，提高人们对冰雪运动的认知度和参与度。同时，冰雪运动会还可以促进不同地区、不同年龄段的人们之间的交流和互动，增强人们的社交能力和团队合作精神。其次，举办冰雪嘉年华可以营造浓厚的冰雪文化氛围。冰雪嘉年华是一种以冰雪为主题的娱乐活动，包括冰雪雕塑、冰雪滑梯、冰雪乐园等。通过举办冰雪嘉年华，可以让更多的人了解和体验冰雪文化的魅力，增强人们对冰雪文化的认同感和归属感。同时，冰雪嘉年华还可以促进旅游业的发展，推动当地经济的增长。此外，还可以通过其他形式的活动推广冰雪运动。例如，可以组织冰雪运动知识讲座、冰雪运动体验营、冰雪运动俱乐部等，让更多的人了解和参与冰雪运动。同时，还可以通过媒体宣传、社交媒体推广等方式，提高人们对冰雪运动的认知度和参与度。

六、加强国际交流与合作

加强与国际冰雪运动组织的交流与合作，引进先进的冰雪运动理念和技术，是推动我国冰雪运动发展的重要途径。首先，加强与国际冰雪运动组织的交流与合作，可以让我们更好地了解国际冰雪运动的最新动态和发展趋势。通过与国际冰雪运动组织的交流，我们可以学习到先进的理念和技术，了解冰雪运动的发展趋势和前沿动态，为我国冰雪运动的发展提供有益的借鉴和参考。其次，引进先进的冰雪运动理念和技术，可以提升我国冰雪运动的水平和竞争力。同时，这些先进的理念和技术也可以为我国冰雪运动的发展提供新的思路和方向，推动我国冰雪运动的创新和发展。同时，我们也可以借助国际冰雪运动组织的资源和平台，推动我国冰雪运动的国际化发展，提高我国冰雪运动的国际地位和影响力。

七、完善冰雪体育文化政策法规

制定和完善相关政策法规是推动冰雪体育文化发展的重要保障。政策法规可以为冰雪体育文化的发展提供明确的指导和规范，确保其健康、有序地发展。首先，制定政策法规可以明确冰雪体育文化发展的目标和方向。同时，政策法规还可以明确各级政府和相关部门的职责和权限，确保冰雪体育文化发展的顺利进行。其次，制定政策法规可以规范冰雪体育文化市场的秩序。政策法规可以规范冰雪体育市场的秩序，保障消费者的权益，促进市场的公平竞争。同时，政策法规还可以规范冰雪体育从业人员的行为，提高他们的专业素质和服务水平，推动冰雪体育市场的健康发展。此外，制定政策法规还可以为冰雪体育文化的发展提供资金保障。政策法规可以制定相关的财政、税收等优惠政策，鼓励社会各界和企业投资冰雪体育文化事业，为冰雪体育文化的发展提供资金保障。

八、加强冰雪体育文化宣传

通过各种媒体和渠道加强冰雪体育文化的宣传和推广，是提高人们对冰雪体育文化认识和了解的重要途径。首先，可以利用传统媒体进行冰雪体育文化的宣传和推广。传统媒体如电视、广播、报纸等具有广泛的受众基础，可以有效地传递冰雪体育文化的信息。在这些媒体上开设专门的冰雪体育文化专栏，介绍冰雪体育的历史、文化、规则等内容，让更多的人认识和了解冰雪体育文化。其次，可以利用新媒体进行冰雪体育文化的宣传和推广。新媒体如互联网、社交媒体等具有快速、便捷的特点，可以吸引更多的年轻人群。在这些媒体上发布冰雪体育相关的资讯、动态、赛事等内容，让更多的人关注和参与冰雪体育文化。此外，还可以通过举办冰雪体育文化展览、演出等活动进行宣传和推广。这些活动可以让人们亲身体验冰雪体育文化的魅力，加深对冰雪体育文化的认识和了解。

第四节　北京冬奥背景下的冰雪体育文化构建

一、加强冰雪体育教育

首先，将冰雪运动纳入课程体系是冰雪体育教育的基础。学校应该根据学生的年龄和兴趣，制定相应的冰雪运动课程，确保学生能够全面了解和掌握冰雪运动的基本知识和技能。同时，学校还可以根据实际情况，开设冰雪运动选修课，让学生根据自己的兴趣选择适合自己的课程。其次，专业的冰雪运动教练和运动员的参与是提高冰雪体育教育质量的关键。学校可以邀请专业的冰雪运动教练和运动员来校授课，为学生提供更专业的指导和教学。他们可以分享自己的经验和技巧，让学生更好地了解和掌握冰雪运动的技巧和知识。同时，还可以为学生提供实践机会，让学生亲身体验冰雪运动的乐趣和魅力。此外，加强冰雪体育教育的投入也是必不可少的。学校应该加大对冰雪体育教育的投入，包括场地建设、器材采购、师资培训等方面的投入。同时，学校还可以开展各种冰雪运动比赛和活动，为学生提供更多的学习和锻炼机会。最后，营造浓厚的冰雪体育文化氛围也是促进冰雪体育教育发展的重要手段。学校可以通过各种渠道宣传冰雪运动的知识和技巧，让学生和家长更加了解冰雪运动。

冰雪体育教育是冰雪体育文化构建的基础。北京市的中小学应该加大对冰雪体育教育的投入，将冰雪运动纳入课程体系，为学生提供专业的冰雪运动知识和技能培训。同时，学校有必要邀请专业的冰雪运动教练和运动员来校授课，让学生了解和掌握更多的冰雪运动技巧和知识。通过这些措施的实施，可以推动北京乃至全国冰雪体育文化的繁荣和发展。

二、丰富冰雪体育活动

为了让学生更好地体验冰雪运动的乐趣和魅力，北京市的中小学可以定期举办各种冰雪体育活动，如冰雪运动会、冰雪嘉年华等。这些活动不仅为学生提供了丰富多彩的冰雪运动项目，还使他们在参与中锻炼了自己的身体素质和团队合作精神，提高了自己的运动水平和自信心。首先，冰雪运动会是一个很好的平台，可以让学生展示自己的冰雪运动技能和实力。在冰雪运动会上，学生可以参加各种冰雪项目的比赛，如滑雪、滑冰、雪地足球等。这些比赛不仅考验学生的运动技能和体能，还能让他们在比赛中感受到竞技的乐趣和成就感。同时，比赛也是一种很好的锻炼机会，可以让学生在比赛中锻炼自己的意志品质和团队合作精神。其次，冰雪嘉年华是一种更加轻松愉快的冰雪体育活动。在冰雪嘉年华上，学生可以参与各种冰雪娱乐项目，如雪地滑梯、雪地保龄球、雪地摩托等。这些项目不仅让学生感受到了冰雪运动的乐趣和魅力，还让他们在参与中放松了自己的身心，增加了与同学之间的交流和互动。同时，这些活动也可以培养学生的时尚意识和审美情趣，让他们更加自信和阳光。此外，为了让学生更好地体验冰雪运动的乐趣和魅力，学校还可以开展一些特色冰雪体育活动。例如，可以组织学生参观冰雪运动场馆、参加冰雪运动训练营等活动，让学生更加深入地了解冰雪运动的历史和文化。同时，学校还可以开展一些亲子冰雪活动，让家长和学生一起参与冰雪运动，增进亲子关系和家庭和谐。

三、加强冰雪体育设施建设

首先，北京市应该根据城市的发展规划和人口分布情况，合理布局冰雪运动场地。在城市的主要区域和人口密集区，应该设置一定数量的滑雪场、滑冰场等冰雪运动场地，以满足不同人群的需求。同时，对于一些有条件的学校和社区，也可以利用空地建设小型冰雪运动场地，为学生和居民提供更多的学习和锻炼机会。其次，加强冰雪体育设施的维护和管理也是非常重要的。这些设施的完好和安全使用直接关系到学生和家长的生命安全和健康。因此，北京市应该制定相关的维护和管理制度，确保这些设施能够得到及时的保养和维护。同时，对于一些需要专业技术的冰雪运动场地，如滑雪场和滑冰场，应该聘请专业的维护团队进行管理和维护，确保场地的安全性和正常使用。此外，为了提高冰雪体育设施的使用效率和管理水平，北京市还可以采取一些有效的措施。例如，建立公共信息平台，发布冰雪体育设施的开放时间和预订信息，方便学生和家长查询和预订场地。同时，建立会员制度和组织冰雪运动俱乐部等，为学生和家长提供更多的参与机会和交流平台。

加强冰雪体育设施的建设是满足学生和家长对冰雪运动热情和需求的重要途径。在城市规划中，合理布局冰雪运动场地、加强设施的维护和管理、提高设施的使用效率和管理水平等措施的实施，可以为学生和家长提供更安全、更便利的冰雪运动环境和条件。同时，这些措施也可以促进冰雪运动的普及和发展，推动冰雪体育文化的繁荣和发展。

四、加强国际交流与合作

北京冬奥会的成功举办不仅为我国冰雪运动的发展注入了新的活力，更为国际交流与合作提供了宝贵的平台。首先，北京市可以与国际冰雪运动组织建立紧密的合作关系。通过参与国际冰雪运动组织的活动和会议，了解国际冰雪运动的发展趋势和最新技术，引进先进的理念和技术，推动我国冰雪运动的创新和发展。同时，北京市还可以与国际冰雪运动组织共同举办各类冰雪运动比赛和活动，促进国际的交流与合作。其次，北京市可以与其他国家和地区的冰雪运动机构开展交流与合作。通过互访、交流、比赛等形式，增进相互了解和友谊，适当学习借鉴其他国家和地区的先进经验和做法，推动中国冰雪运动的国际化发展。同时，北京市还可以与其他国家和地区的冰雪运动机构共同开展科研、训练、市场开发等方面的合作，提高中国冰雪运动的水平和影响力。此外，北京市还可以组织代表团参加国际比赛和活动。通过参加国际比赛和活动，展示我国冰雪运动的实力和风采，提高我国在国际冰雪运动界的知名度和影响力。同时，参加国际比赛和活动还可以为我国冰雪运动员提供更多的锻炼机会和竞技平台，提高他们的竞技水平和综合素质。最后，北京市还可以邀请国际知名的冰雪运动教练和运动员来华授课和指导。可以为我国冰雪运动提供更专业的指导和帮助，提高我国冰雪运动的水平和质量。

五、营造浓厚的冰雪体育文化氛围

为了营造浓厚的冰雪体育文化氛围，北京市可以通过多种方式和渠道进行宣传和推广，让学生和家长更加了解冰雪运动，提高他们对冰雪运动的认知度和兴趣。首先，通过各种媒体和渠道宣传冰雪运动的知识和技巧是非常重要的。北京市可以充分利用电视、广播、报纸、杂志等传统媒体，以及互联网、社交媒体等新媒体，发布冰雪运动的相关知识和技巧，让学生和家长了解冰雪运动的起源、发展、规则、技巧等方面的内容。同时，还可以通过举办冰雪运动知识讲座、展示冰雪运动图片和视频等形式，让学生和家长更加直观地了解冰雪运动。其次，学校可以利用校园内的广播、宣传栏等渠道宣传冰雪运动赛事和活动。在校园内播放冰雪运动的比赛录像、介绍冰雪运动的知识和技巧，让学生了解冰雪运动的发展动态和比赛情况。同时，学校还可以利用宣传栏张贴冰雪运动海报、赛事通知等内容，吸引更多的人关注和参与冰雪运动。最后，学校还可以利用社交媒体等网络平台推广冰雪运动文化。在社交媒体上发布冰雪运动的图片、视频、文章等内容，让学生和家长更加便捷地了解冰雪运动。同时，学校还可以通过社交媒体组织线上互动活动，如冰雪运动知识问答、趣味挑战等，让学生和家长更加深入地了解冰雪运动，提高他们对冰雪运动的参与度和兴趣。

营造浓厚的冰雪体育文化氛围，需要我们全方位、多角度地进行努力和推广。利用校园内的广播、宣传栏等渠道宣传冰雪运动赛事和活动，能够让更多的人关注冰雪运动，并积极参与其中。这些措施的实施，不仅能够提高人们对冰雪运动的认知度和兴趣，更能够促进冰雪运动的普及和发展。在校园内，学生们可以通过参与冰雪运动赛事和活动，增强身体素质和团队合作精神，提高自己的运动水平和自信心。在社会上，更多的人能了解和关注冰雪运动，可以推动冰雪体育文化的繁荣和发展，为我国的冰雪运动事业注入新的活力和动力。因此，我们应该积极采取措施，营造浓厚的冰雪体育文化氛围。通过各种媒体和渠道宣传冰雪运动的知识和技巧、利用校园内的广播、宣传栏等渠道宣传冰雪运动赛事和活动、利用社交媒体等网络平台推广冰雪运动文化等措施的实施，让更多的人了解冰雪运动，关注冰雪运动的发展，共同推动我国冰雪运动的繁荣和发展。

第五章

我国体育产业中创意经济特点研究

第一节　新常态下我国经济的发展

一、新常态下经济发展的内涵与着眼点

我国的经济发展经过了长期的积累和沉淀，已经展现出明显的协调性和稳定性。在国家政策的宏观调控下，体育产业以及整个经济发展都以新常态为基础，只有在这样的经济环境下不断前行，我们国家才能实现长期稳定和可持续的经济增长。在新常态的经济环境下，增速换挡是我国在经历了多年的经济加速后，面对人口老龄化、劳动力成本增加等客观现实所采取的重要策略。换挡意味着转变经济发展方式，调整经济结构，这就需要更大的空间来转变原有的观念和结构体制。创意是经济中的重要元素，对创意特点的研究可以帮助我们更好地理解经济中的变化和发展趋势。体育产业作为经济发展的重要组成部分，也需要在创意上寻求突破。体育产业需要结合自身的特点，发掘自身的潜力，通过创新和创意推动产业的发展。在新常态下，体育产业需要更加注重品牌建设、创新营销模式，拓展市场渠道等方面的工作。同时，还需要积极探索与科技、文化等领域的融合发展，培育新的经济增长点，为体育产业的长远发展奠定基础。

在新常态环境下，最关键的就是经济结构的调整，而且这种经济结构的调整不能只是单纯的调整，而应该深入地进行调整。要尽可能地化解长

久以来在经济发展过程中累积的矛盾，要准确地抓住矛盾，采取切实有效的解决措施，才能有针对性地解决它。除了经济发展过程中长期累积起来的各种矛盾，还应该关注的是来自各个方面的经济压力，如日益严峻的就业压力。就业压力一直是一个严重的社会问题，就业难的问题并不是就业人口真的远大于可以提供的岗位，而是不同的岗位和不同的就业人群在数量上存在矛盾。有的岗位招聘人数极少，存在很大的竞争；而有的岗位有大量的需求，却只有极少的求职者。这种矛盾是非常严峻的。要构建新型经济发展平台，就必须在宏观调控的基础上，结合目前的市场状况进行调整。

就就业的问题来说，高校学生不仅是就业难，更严重的是即使有了工作，也会处在一个非常艰难且脆弱的就业环境。高校学生是受过高等教育的人群，可找起工作来却比很多低学历的人要困难很多。现在社会上的工作岗位，要么是远远低于高校学生的学历水平要求，导致很少有高校学生愿意从事这个工作；要么就是远远高于高校学生的能力水平，导致大部分的高校学生根本就达不到要求，因此出现了就业难的问题。而体育服务业的出现，对这个问题可以很好地解决。因为体育服务业既不像一些准入门槛低行业，不受人青睐，也不像一些入行门槛极高的行业，所以应该大力发展体育服务业，从而促进我国经济的发展。

与此同时，体育服务业的发展和崛起对于外来务工人员的就业问题也有很大的改善。比如说，体育服务业中的场馆服务行业，就可以给外来务工人员提供大量的就业机会。因为场馆服务目前是一个长期需求量很大的行业，虽然对于技术水平有一定的要求，但这种工作在经过培训之后是很容易上手的。另外，这样的工作对学历是没有十分严格的要求的，因此就更加适合外来务工人员就业了。当然，很多场馆服务，比如说一些大型赛事、国际赛事的场馆服务是需要达到一定标准的，甚至有些国际赛事还要求从业者具备一些英语沟通能力，这种类型的工作就比较适合一些高校学生志愿者来做。但是，还有很多如清洁、搬运器材的工作，对工作者的各方面要求不高，因此只要愿意从事这份工作的人，都是可以很容易进入这些岗位的，而且这些岗位相对于其他一些岗位来说，要轻松很多。因此，体育服务业整个行业的发展，所能提供岗位，对学历要求、素质水平要求、专业技能要求等，都有更高的要求且覆盖面广，体育服务业能够提供体育经纪、体育中介、体育服务人员等各种各样的岗位。

从当前的经济发展趋势来看，服务业的崛起无疑是我国经济结构调整中的一大亮点。其迅速发展的势头不仅令人瞩目，更为我国经济的持续稳定增长注入了新的活力。服务业在我国的经济地位日益重要，已经逐渐成为支柱性产业。与传统的制造业相比，服务业更加注重创新、技术和人才，这些要素正是现代经济高质量发展的关键。因此，服务业的快速发展不仅优化了我国的产业结构，更为我国经济的转型升级提供了强大的动力。值得一提的是，服务业的发展在很大程度上缓解了我国的就业压力。随着制造业的转型升级，许多传统岗位逐渐消失，而服务业的崛起为大量劳动力提供了新的就业机会。这些岗位往往更加注重技能和知识，从而提高了就业的整体质量。这不仅有助于解决当前的就业问题，更为我国经济的长期发展培养了大量高素质的人才。在当前的经济形势下，我国正面临从高速增长向高质量增长的转型。在这个过程中，质量的提升被放在了首位。我们不再仅仅追求经济的高速增长，而是更加注重增长的稳定性和可持续性。因此，在降低成本的同时如何提高经济发展的质量，成为当前亟待解决的问题。

在我国经济发展进入新常态的背景下，经济结构调整成为一个核心议题。而在这个调整过程中，提高质量成了最根本的要求。质量的提高不仅是经济结构调整的目标，更是推动我国经济长期、持续、稳定发展的关键。质量的提高是一切发展的基础。只有保证质量，才能在经济全球化的大潮中站稳脚跟，与世界各国（地区）展开公平、平等的竞争。优良的质量是赢得市场认可和国际尊重的基础，也是我国经济发展的基石。只有将质量摆在首位，才能确保我国经济发展的可持续性和稳定性。经济结构的调整不能仅仅局限于某些领域。新经济模式应该是在国家经济发展的各个领域都进行改进，包括经济产业的发展、金融管理领域的优化升级、消费市场的合理整合等。只有这样，才能实现全面的经济发展，提高我国经济发展的整体水平。在产业方面，我们应该注重发展高技术产业和现代服务业，推动产业结构的升级和优化。在金融领域，应该加强监管和风险控制，推动金融市场的健康发展。在消费市场方面，应该加强市场整合和规范管理，提高市场效率和消费者满意度。

在企业管理中，"质量意识"是一个不可忽视的要素，它关乎企业的生死存亡，决定企业在市场中的定位与竞争力。特别是在体育产业中，质量意识更是贯穿始终，从赛事组织到经纪公司的运营，都离不开对质量的极致追求。在体育产业中，赛事的质量是决定其能否获得大众认可并长久举办下去的关键因素。一场高质量的赛事，不仅要求运动员的技术水平高超，更要求赛事的真实性和观众的服务水平。只有当这些方面都达到一定的标准，赛事才能够吸引观众的眼球，赢得他们的喜爱和信任。首先，运动员的真实性是赛事质量的基础。在体育比赛中，运动员是主角，他们的表现直接决定了赛事的精彩程度。然而，如果运动员在比赛中存在作弊、假赛等行为，那么这场赛事的质量就会受到严重的质疑。因此，确保运动员的真实性是提高赛事质量的前提。其次，对待观众的服务水平也是评价赛事质量的重要指标。一场赛事的成功与否，不仅仅取决于赛场上的表现，更在于观众的感受。从观众的购票、入场到观赛过程中的各种服务，都需要做到周到、细致，让观众感受到贴心和尊重。只有这样，观众才会对赛事产生好感，愿意继续支持和关注。在体育经纪公司中，质量意识同样重要。像创新精英文化经纪公司（CAA）这样的大型经纪公司，之所以能够在竞争激烈的市场中脱颖而出，成为行业的佼佼者，离不开他们对质量的严苛要求。他们不仅注重签约运动员的实力和潜力，更在培养运动员、提供全方位服务等方面下足了功夫。这种以质量为核心的经营理念，使他们在市场中赢得了良好的口碑和信誉。对于体育经纪公司来说，人员的质量也是至关重要的。这里的"人员"不仅指公司的员工，还包括公司的管理层和老板。一个成功的体育经纪公司，需要每一个员工都具备强烈的质量意识和高度的职业素养。只有这样，公司才能够形成强大的团队凝聚力，为客户提供优质的服务。同时，公司的管理层和老板也需要具备先进的管理理念和敏锐的市场洞察力，能够为公司制定正确的发展战略和提供有力的支持。

二、新常态下我国经济发展的机遇

（一）"大升级"与构建升级版中国经济的机遇

"大升级"与构建升级版中国经济的机遇，正源于我国经济的全面升级。在这个过程中，服务业的发展速度尤为引人注目，其在各个领域都占据了举足轻重的地位。首先，从消费方式来看，我国居民的消费方式正在经历深刻的转变。随着生活水平的提高和消费观念的转变，有形服务产品消费和无形服务产品消费的比重都在不断增加。这意味着服务业在满足人们日益增长的物质文化需求方面发挥着越来越重要的作用。其次，从产业结构的角度来看，服务业在国民经济中的比重越来越大，已经成为我国经济产业中的支柱性产业。服务业的发展不仅优化了我国的产业结构，更为经济增长注入了新的动力。服务业的高质量发展有助于提高我国经济的整体竞争力，推动经济转型升级。因此，"大升级"与构建升级版中国经济的机遇在于我国经济的全面升级，而服务业的发展在其中扮演着关键角色。我们应该抓住这一机遇，进一步推动服务业的发展，提高服务业的质量和效益，为构建升级版中国经济注入新的活力和动力。同时，我们也需要关注服务业发展中存在的问题和挑战，通过改革和创新，不断完善和优化服务业的发展环境，为我国的经济发展注入新的活力和动力。

（二）大改革与大调整的机遇

我国传统的经济发展模式，在新常态的经济环境下逐渐暴露出了一系列问题。其中，经济结构方面的问题尤为突出，亟待调整解决。日益严重的收入差距问题不容忽视。虽然政策上的指导方针允许一部分人先富裕，以此带动其他人的经济水平提升，但随着时间的推移，收入差距逐渐扩大，导致严重的贫富差距。这违背了传统经济发展模式所追求的初衷，也与社会公平正义的理念背道而驰。为了解决这一问题，我们应该尽快转变经济观念，调整经济发展模式。新常态的经济环境为我们提供了一个重要的机遇，我们应该把握好这个机遇，解决长期累积的经济发展问题。首先，我们需要加大收入分配的调节力度，缩小收入差距，可以通过完善税收制度、加强社会保障体系建设、推动教育公平等方式实现。同时，我们也需要鼓励企业提高员工待遇，增加中低收入群体的收入水平。其次，我们需要推动经济结构的优化升级，包括促进服务业的发展、推动制造业的转型升级、加强科技创新等。通过优化经济结构，我们可以提高经济发展的质量和效益，减少资源浪费和环境污染。最后，我们需要加大宏观调控政策的力度。政府应该加强对市场的监管和引导，防止市场失灵和资源浪费。同时，政府还应该加大对公共服务的投入和保障力度，提高居民的生活水平。

我国的传统经济发展模式通常以获取利益为主要目标，这是无可厚非的。然而，在追求利益的过程中，如果只注重眼前的利益，而忽略了后续的发展，没有一个长期的追求，那么这种发展模式是肯定不可能长期发展下去的。这就是传统经济发展方式存在的严重弊端，没有把握好可持续发展的重要性。传统经济发展模式和循环经济发展模式就有非常显著的对比。传统经济发展方式只关注实现眼前利益的最大化，因此无法长期获得利益。而循环经济发展模式则有一个长远的经济目标，即使目前所获得的利益可能比较小，但是就长远来看，这样才能真正获得更多的利益。然而，循环经济也不是一个最理想的经济模式。虽然循环经济考虑了可持续发展，并且可以长远地发展下去，但是其效益的确不是很理想。最重要的是，这样的经济模式带来的是一个增速很慢的经济现状。因此，经过了传统经济模式和循环经济模式之后，新经济模式发展出现了。新经济模式弥补了传统经济发展方式没有坚持可持续发展和循环经济发展模式、增速和效率都太低的不足。新经济模式既坚持了可持续发展的原则，又保证了高速发展。它注重创新、技术和人才的培养和发展，推动产业结构的优化升级，提高经济发展的质量和效益。同时，新经济模式也注重环境保护和资源节约，实现经济发展与环境保护的良性循环。新经济模式是一个非常适合现代社会发展速度以及激烈竞争的市场现状的一种合理的经济发展模式。它注重创新和创意的发展，推动产业升级和转型，提高经济发展的竞争力和可持续性。

(三) 大市场、大消费与构建"大国经济效应"的机遇

我国作为一个人口大国，拥有庞大的消费群体，这在全球化日益深入的当今社会中，无疑为我国的经济发展提供了强大的动力。作为 GDP 位列世界第二位的经济大国，我国在全球经济中扮演着举足轻重的角色。首先，我国在全球范围内的市场份额不断扩大，已经成为全球最大的商品消费市场之一。无论是日常生活用品、奢侈品还是高科技产品，我国消费者都在全球市场中占据了重要地位。其次，我国已经从传统的生产基地转变为消费大国。过去，许多发达国家将我国作为生产基地，以利用我国廉价劳动力。然而，随着经济的发展和人民生活水平的提高，我国已经成为一个巨大的消费市场。我国的消费值已经居于世界前列，并且还在高速增长。这不仅推动了我国经济的发展，也对全球经济增长产生了重要影响。最后，我国生产和消费之间的比例也在日渐趋于平衡。过去，我国的生产能力相对较强，而消费能力相对较弱。然而，随着经济的发展和人民生活水平的提高，我国的消费能力逐渐增强，生产和消费之间的比例逐渐趋于平衡。这表明我国经济已经从生产型向消费型转变，经济增长更加稳定和可持续。

我国消费总量的快速增长，无疑是我国经济持续发展的重要体现。作为全球最大的消费市场之一，我国的消费总量已经位居世界前列，成为名副其实的消费大国。然而，这个消费总量的增长并不仅仅是因为我国庞大的人口数量，更重要的是我国经济的快速发展和人民生活水平的提高。在过去的几十年里，我国的经济取得了令世界瞩目的成就。随着经济的快速发展，人民的生活水平也得到了显著提高。这使得人们的消费观念和消费

能力发生了巨大的变化，从基本的物质需求转向了更高层次的精神文化需求。这种转变推动了我国消费总量的快速增长，也为体育产业的发展提供了广阔的市场空间，体育产业作为我国经济的重要组成部分，在消费总量的增长中起到了至关重要的作用。体育产业的发展不仅满足了人们日益增长的健身需求，还带动了相关产业的发展，如体育器材、体育服装、体育旅游等。同时，体育产业的发展也促进了就业和经济增长，为我国经济的可持续发展注入了新的动力。

因此，我国应该将体育产业放在经济发展的重要位置，大力推动其发展。在体育产业的发展中，可以从多个方面入手，如体育赛事、体育旅游业、体育服务业、体育经济、体育中介、体育经纪人、体育场馆建设等。通过全面、系统、协调地发展体育产业，可以进一步推动我国经济的增长和社会的进步。同时，我国还应该加大体育产业的政策支持和监管力度。政府应该加大对体育产业的投入力度，制定相应的政策措施，为体育产业的发展提供良好的环境和条件。同时，政府还应该加大对体育产业的监管力度，确保其健康、有序地发展。

（四）"大纵深"与构建多元增长极的机遇

我国国土面积广阔，跨越了各种各样的地形带，从高山到平原，从沙漠到绿洲，这种地域的多样性为我国的经济发展带来了丰富的资源和机会，同时也带来了诸多挑战。由于地域的差异，我国的经济发展呈现出巨大的差距。然而，这种差距并不一定是负面的。相反，我们可以利用这种地域的多样性，因地制宜地发展经济，从而丰富我国的经济结构，提高经济发展模式的多元化水平。以我国经济崛起比较快、经济发展水平比较高的东南沿海地区为例，该地区最开始以工业生产为主要发展方向。然而，随着经济的不断发展，东南沿海地区逐渐认识到服务业的重要性，并开始将经济重点转向服务业的发展。服务业的发展是当今社会的大势所趋。随着人们生活水平的提高，对服务业的需求也越来越大。东南沿海地区抓住了这个发展机遇，及时转变发展重点，从而取得了良好的收益。同时，服务业的发展也带动了其他产业的发展,进一步促进了经济的多元化。除了东南沿海地区,我国其他地区也在积极探索适合自身地域特点的经济发展方式。例如,一些山区地区利用其独特的自然风光和气候条件,发展旅游业和生态农业;一些沿海地区则利用其便利的交通条件和丰富的海洋资源,发展海洋经济和港口贸易。这些因地制宜的经济发展方式不仅有助于提高地区的经济发展水平,也有助于丰富我国的经济结构。不同地区的经济发展相互补充、相互促进,形成了多元化的经济发展模式。这种多元化的经济发展模式有助于提高我国经济的稳定性和抗风险能力,为我国的经济发展注入新的活力和动力。

(五)"大人才"与构建第二次人口红利的机遇

我国作为一个人口大国,拥有庞大的劳动力资源。然而,劳动力的数量并不等同于质量。在我国的劳动力市场中,存在水平和素质参差不齐、普通劳动力过剩、专业化人才短缺等问题。首先,农村劳动力的流失是一个不容忽视的问题。随着现代化的发展和城乡一体化的进程加速,从事农业方面的劳动力越来越短缺。与此同时,人口老龄化问题也日益严峻,进一步加剧了农村劳动力的短缺。这不仅影响了农业生产的稳定和发展,也对农村地区的经济和社会发展产生了不良影响。其次,毕业潮问题也是劳动力市场面临的一大挑战。每年有大量的毕业生走出校门,面临找工作的难题。专业无法对口、综合素质不够、要求与自身能力不符等都是毕业生就业困难的原因。这不仅影响了毕业生的个人发展,也制约了我国经济的持续发展和社会进步。因此,提高劳动力的整体素质是解决以上问题的关键。在提高整体素质的同时,我们还应该注重培养专业化、综合素质高的优质人才。需要政府、学校、企业和社会的共同努力:政府加大对教育的投入力度,提高教育质量,培养更多具有创新精神和实践能力的人才;学校加强与企业的合作,提高毕业生的就业率和专业对口率;企业加强对员工的培训和职业规划,提高员工的综合素质和专业技能;社会营造良好的学习氛围,鼓励人们不断学习和进步。

　　人口老龄化是我国经济发展面临的一个重要问题。随着人口老龄化的加剧，我国劳动力市场面临着巨大的挑战。劳动力是推动经济发展的核心力量，而人口老龄化导致劳动力短缺，这无疑给我国的经济发展带来了很大的压力。首先，人口老龄化会导致劳动力市场的供需失衡。随着老年人口的增加，劳动力市场上的供给逐渐减少，而需求却不断增长。这会导致劳动力成本上升，企业用工难、用工贵的问题愈发突出。同时，人口老龄化还会导致劳动力素质下降，缺乏创新能力和适应新技术的人才，也会制约我国经济的发展。其次，人口老龄化还会增加抚养负担。随着老年人口的增加，家庭和社会需要承担更多的养老责任。这不仅会增加家庭的负担，也会增加社会的负担。抚养负担的增加会导致年轻人生活压力增大，降低他们的生活水平。如果人民的生活水平不能得到提高，那么国家整体的经济水平也是不可能提高的。

　　此外，人口老龄化还会增加国家在经济上的负担。随着老年人口的增加，国家需要投入更多的资金用于养老保障、医疗保健等方面。这会减少国家在其他方面的投入，如教育、科技、文化等领域的投入。不仅会影响国家的经济发展，还会影响人民的生活质量。人口老龄化对体育产业的发展也产生了负面影响。体育产业是我国经济的重要组成部分，但是随着人口老龄化的加剧，体育产业的发展面临着很大的挑战。老年人口对体育服务的需求逐渐增加，但是目前我国的体育服务供给还不足以为老年人口提供全面的服务。同时，人口老龄化还会导致体育场馆建设、体育旅游等领域的市场需求下降，无疑会对体育产业的发展产生不利影响。因此，解决人口老龄化问题对于我国经济发展和体育产业发展具有重要意义。首先，我们需要加强老年人的健康管理和养老服务体系建设，提高老年人的健康水平和养老服务质量。其次，我们需要加强劳动力的培训和教育，提高劳动力的素质和技能水平，增强他们的就业竞争力。此外，我们还需要加强社会保障体系建设，为老年人提供更好的生活保障和服务保障。

　　（六）"大创新"与构建技术红利的机遇

　　"创新"是这个时代必不可少的发展方向，只有创新才能让一个行业在这个变化飞速的时代继续生存下去，这个行业更可以通过创新来增加自身优势，从而在当今社会的激烈竞争中脱颖而出。因此，我们国家要想抓住构建技术红利的机遇，就必须大力创新。目前，我国在科研创新方面已经取得了一些成绩。比如说，我国科研人员规模的增长是非常大的，科研人员是助推国家科技建设的主要力量，科研人员规模的增长，也从侧面反映出我国对科研事业的重视程度。我国在科研事业方面的投入是非常大的，而且还在增加，因此给很多人提供了科研创新的机会。在国家政策的支持下，人民群众对待科研事业态度的转变，使得越来越多的人愿意加入这个艰苦而有价值的科研生活之中，从而在很大程度上促进了我国科研事业的发展，进而有利于把握住构建技术红利的机遇。

创新是每个行业能够成功的基本。拿淘宝这个平台举例，淘宝在当时是绝对的创新，市场上没有一个可以和它竞争的电商平台。在淘宝成功之后，便有了大量的模仿者，在这些效仿者中，大部分的企业都以失败告终，但还是有企业脱颖而出，最值得一提的就是京东。京东和淘宝一样是电商平台，但它的创新之处就在于品牌的问题，淘宝的店铺可谓"鱼龙混杂"，京东应该就是抓住这一点走出了自己的一条独特道路。而后面比较成功的唯品会、聚美优品这些品牌也是靠着各自创新的优势成功发展起来的。唯品会的创新之处在于品牌的低价处理，而聚美优品主要是进口美妆。因此，这给我国体育产业的发展带来很大的启示，创新绝对是在竞争如此激烈的市场环境下能够生存下来并脱颖而出的方式。现在体育产业的各个行业，都已经有了一些比较成功的企业，规模也已经发展得很大了。首先，是大企业之间的竞争，如果只是停留在公司现有的产品、水平上，而不去创新，是非常容易被这个市场淘汰的，无论是多么大的公司，都有可能走向衰落。其次，是一些新公司想要在现在的市场环境下谋求发展，最重要的还是创新，如果没有一些创新的东西作为自己公司的特色，树立好一个品牌，是不可能和其他已经发展起来的大公司有竞争的余地。

三、经济新常态下我国体育产业发展导向转变与路径选择

(一) 体育产业属性和社会经济条件决定体育产业发展导向

体育产业发展导向在体育产业的持续、健康、快速发展中起着至关重要的作用。它是引领体育产业走向正确道路、实现可持续发展的"灯塔"。一个明确、正确且具有前瞻性的发展导向，可以为体育产业提供清晰的发展路径，确保资源的高效配置，促进产业内部的协调与平衡。体育产业具有多样性和复杂性的特点，涵盖了体育赛事、健身休闲、体育培训、体育器材制造与销售等多个子领域，每个子领域都有其独特的属性和市场需求，因此，确定体育产业发展导向时，必须充分考虑每个子领域的特性和市场潜力，制定符合其发展规律的战略和策略。社会经济条件是决定体育产业发展导向的另一重要因素。体育产业作为国民经济的重要组成部分，其发展必然受到社会经济条件的制约和影响。在制定体育产业发展导向时，必须深入分析当前的社会经济条件，如经济发展水平、居民收入水平、消费结构、科技进步等，以及未来的发展趋势。只有在充分了解和把握社会经济条件的基础上，才能制定出既符合现实又具有前瞻性的发展导向。同时，正确的体育产业发展导向还应具有可操作性和可评估性。它应该是一系列具体的、可执行的行动指南和政策建议，能够为政府、企业和相关机构提供明确的行动方向。同时，发展导向的实施效果应该可以通过一系列指标进行定量和定性的评估，以便及时发现和纠正发展过程中出现的问题。

1. 体育产业发展导向以体育产业属性为基础

体育产业因其独特的双重属性，既具有经济价值，又具有社会价值，成为现代社会中不可或缺的一部分。作为经济领域的一部分，体育产业为经济增长贡献了巨大的力量。然而，更为重要的是，体育产业作为一项民生事业，其所蕴含的内在价值是无法估量的。体育产业作为一项经济活动，涵盖了多个行业，其中健身休闲娱乐业是重要组成部分。健身休闲娱

乐业不仅具有巨大的商业价值，而且对于人民生活水平的提高有着积极的推动作用。首先，健身休闲娱乐业的发展为社会大众提供了丰富的就业岗位。随着健身休闲娱乐业的繁荣，相关的岗位需求也日益增加，包括健身教练、会籍销售、运营管理等。这些岗位为很多人提供了就业机会，解决了他们的生计问题。就业是民生之本，解决就业问题对于个人和家庭都有着重要的意义。其次，人们生活水平的提高为健身休闲娱乐业的消费提供了动力。随着人们收入水平的提高，他们对于健康和生活的品质有了更高的要求，健身休闲娱乐业正是满足了这点。人们在参与健身活动的过程中，不仅强健了体魄，也提高了生活质量。此外，健身休闲娱乐业的发展也为国家带来了巨大的经济效益。随着人们参与健身活动的热情越来越高，相关的消费也在不断增加。这不仅拉动了内需，也促进了经济的增长。

竞赛表演业作为体育产业的重要组成部分，其高速发展不仅推动了体育产业的壮大，还为国家带来了显著的经济效益。在竞技体育的舞台上，优秀运动员们凭借他们的出色表现，成为社会关注的焦点，他们所代表的顽强拼搏、勇往直前的精神，成为人们追捧的对象。这些优秀运动员的正面形象，不仅激励了更多的人积极参与体育活动，还为社会传递了积极向上的价值观。他们的奋斗精神、团队精神以及对胜利的渴望，成为社会正能量的源泉，引领整个社会向着更加健康、积极的方向发展。同时，竞技体育的商业价值也日益凸显。随着体育产业的繁荣，竞技体育赛事的观赏性和吸引力不断提升，吸引了越来越多的赞助商和广告商的关注。这些商业力量的注入，进一步推动了竞技体育的发展，为运动员提供了更好的训练和生活条件，也为国家带来了可观的经济收益。此外，竞技体育的发展还促进了我国竞技体育水平的提高。在国内外各种赛事中，我国运动员屡创佳绩，为国家争得了荣誉。这些成绩的取得，离不开运动员们的辛勤付出和教练团队的精心指导，也离不开整个社会的支持和关注。因此，我们应该更加重视竞赛表演业的发展，通过引导和激励更多的优秀运动员，推动我国竞技体育水平的提升。同时，也要充分利用竞技体育的商业价值，为体育产业的发展注入新的活力，为国家的经济发展做出更大的贡献。

2. 体育产业发展导向应根据社会经济条件来调整

我们虽然都希望体育产业的发展朝着一个正确的方向前进，但是它的发展方向不是能够被人为改变的，而是由市场这个大环境来进行调节的。因此，要想使体育产业的发展朝着一个正确的方向前进，首先应该优化市场环境，整顿市场乱象问题。我们需要根据体育产业的经济属性和社会属性来做出调节，以适应其发展。

（1）从体育产业社会属性来分析。

体育产业作为一种既具有经济属性，又具有社会属性的产业，其发展方向的确立需要充分考虑社会环境、社会条件等多方面的因素。在不同的社会环境下，体育产业的发展导向也需要有所调整。首先，从社会属性上来看，体育产业的发展必须能够满足人们的需求。人们对于体育的需求是多种多样的，包括健身、娱乐、竞技、观赏等。因此，体育产业的发展应该以满足人们的需求为导向，提供多样化的体育产品和服务。然而，满足人们的需求并不是体育产业发展的唯一目标。体育产业作为经济领域的一部分，其发展还需要考虑经济效益。经济基础是消费的前提保障，只有当人们有了一定的经济基础，才能有更多的消费空间投入体育消费。因此，发展体育产业的经济属性和社会属性是相辅相成的。在制定体育产业发展导向时，还需要考虑不同社会条件下的限制因素。例如，不同地区的经济发展水平、文化背景、人口结构等因素都会对体育产业的发展产生影响。因此，在制定体育产业发展导向时，需要结合当地的具体情况，因地制宜地制定适合当地发展的策略和措施。体育产业的发展方向需要综合考虑社会属性、经济属性等多方面的因素。只有在充分了解和把握这些因素的基础上，才能制定出既符合实际需求又具有可持续发展的导向。同时，政府、企业和社会各方面也需要共同努力，为体育产业的健康发展提供有力的支持和保障。

（2）从体育产业的经济属性来分析。

首先，稳定的国家经济水平是体育产业稳定发展乃至更大发展的基础和保障。一个国家的经济发展状况直接决定了其社会各界对体育产业的投入力度和资源分配。当国家经济处于稳定发展阶段时，政府和企业有更多的精力和资源来关注和支持体育产业的发展，为体育产业提供更广阔的发展空间和政策支持。其次，经济的发展速度对体育产业的发展速度有着重要的影响。一般来说，体育产业的发展速度与经济的发展速度是相协调的，并且成正比。当经济发展速度较快时，人们对体育消费的需求也会相应增加，从而推动体育产业的发展。例如，随着人们生活水平的提高和收入的增长，人们在健身、运动、休闲等方面的消费需求不断增加，为体育产业提供了更广阔的市场和发展机遇。因此，发展体育产业必须注重与经济的协调性。政府和企业应密切关注国家经济发展趋势和市场需求，制定合理的体育产业发展战略和政策，确保体育产业与经济发展相互促进、共同发展。最后，体育产业的发展还需要与市场需求和消费者需求相匹配。随着消费者对健康和生活品质的追求不断提高，他们对体育消费的需求也日益增加。因此，体育产业应积极了解和满足消费者的需求，提供多样化的体育产品和服务，以促进自身的可持续发展。经济在体育产业发展中扮演着至关重要的角色。只有稳定的经济环境和协调的经济增长速度，才能为体育产业提供稳定的发展基础和广阔的市场前景。

（二）经济新常态下体育产业发展走向的确定

1. 生态性

经济的高速发展确实给国家带来了诸多利益，如经济增长、就业机会增加、生活水平提高等。然而，这种发展也往往伴随着生态环境的破坏。在追求经济发展的过程中，我们往往忽略了生态环境的保护，过度开发和消耗资源，导致环境污染、生物多样性丧失等问题。在走新形态的发展道路时，我们必须认识到可持续发展的重要性。环境是我们赖以生存的场所，不能为了短期的经济利益而牺牲环境。资源的日渐匮乏和环境的慢慢恶化，不仅对经济的发展造成了负面影响，也威胁到了人类的生存和发展。因此，生态问题是发展经济所必须面对的问题。我们必须将环境保护纳入经济发展的重要考量因素，实现经济与环境的协调发展。只有经济发展与环境保护相互促进，才能实现真正的可持续发展。为了实现这一目标，我们需要采取一系列措施。

体育产业的发展给生态环境造成的伤害是非常多的。比如说高尔夫球运动，高尔夫球场一般占地非常大，要修建一个标准的高尔夫球场，会对很大一块地皮造成伤害。同理，还有棒球、网球等其他各种运动的场地占地面积都非常大，都会不同程度地对环境造成伤害。相比较而言，乒乓球、羽毛球这些最适合大众健身的体育活动在环境保护方面要更好一些。还有一个很大的损害就是噪声污染，其实噪声也是会对环境造成很大的伤害，在体育赛事的举办过程之中，所产生的噪声是非常可怕的。还有空气污染，体育赛事目前已经有了太多的形式，其中的一些项目还会造成空气的污染。每举办一次大型的体育赛事，所产生的垃圾废物都是不可估量的，还有很多体育场馆专门为了奥运会而搭建，却在奥运会过去之后就不被理睬，造成了非常严重的资源浪费，更何况本来在当初建造这些体育场馆的时候就已经花费了大量的人力和物力资源。因此体育赛事这个体育产业在资源的浪费和环境的破坏上是有很大的影响的，以后我们在举办体育赛事的时候一定要时刻注意可持续发展，不能为了一时的发展而破坏生态环境。

确定了可持续发展的目标之后，我们就要付诸行动，将保护环境的理念贯穿体育产业的各个行业。作为体育产业的重要组成部分，体育赛事在带来巨大经济效益的同时，也常常会对环境造成损害。首先，大量观众的涌入会导致环境污染问题的加剧。在体育赛事期间，观众们往往会聚集在比赛场地周围，大量的车辆、人流和噪声会对周边的环境造成严重的污染。此外，观众们在比赛期间所产生的垃圾也会对环境造成一定的破坏。其次，一些运动项目本身也会对环境造成破坏。例如，一些户外运动赛事需要在特定的场地进行，这可能会导致土地资源的破坏和生态系统的破坏。同时，一些运动项目也需要消耗大量的能源和水资源，这也会对环境造成一定的压力。因此，我们应该重视保护生态环境的重要性，坚持可持续发展，真正把保护环境落到实处。在体育赛事方面，我们也应该采取一系列措施来减少对环境的损害。例如，我们可以加强观众的环保意识教育，鼓励他们自带垃圾袋、减少垃圾的产生。同时，我们也可以采用环保材料来建设比赛场地和设施，减少对环境的影响。此外，我们还可以推广绿色出行方式，鼓励观众使用公共交通工具或者骑行、步行等方式前往比赛场地，减少车辆排放对环境的污染。

2. 融合性

体育产业作为两个不同行业组合而来的产业，本身就具有融合性。这种融合性不仅有助于产业之间的创新，还可以与其他行业融合创造出新的产业，从而丰富我国经济的发展方向，增加我国经济发展的多元化。体育产业与其他行业的融合，不仅可以促进体育产业自身的发展，还可以带动相关产业的发展，形成产业联动效应。例如，体育与旅游业的融合就产生了体育旅游业。体育旅游业是一个备受关注的新兴产业，它结合了体育和旅游的元素，为游客提供了更加丰富、多样化的旅游体验。体育旅游业的发展潜力巨大，它已经成为当前旅游市场的一股新势力。体育旅游业的发展不仅带来了经济效益，还为人们提供了更加健康、积极的休闲方式。在旅游中健身、在放松心情的同时锻炼身体，已经成为越来越多人的选择。除了体育旅游业，体育产业与其他行业的融合还有很多其他的例子。例如，体育与传媒的融合产生了体育传媒业，体育与教育的融合产生了体育教育事业，体育与健康的融合产生了健康体育产业，等等。这些融合后的新产业不仅丰富了我国经济的发展方向，也为人们提供了更加多样化、个性化的产品和服务。体育产业与其他行业的融合所带来的不仅仅是经济上的效益，更是在产业形式上的创新。这种创新不仅有助于推动我国经济的多元化发展，还可以提高我国产业的国际竞争力。在全球化的背景下，只有不断创新、不断融合，才能适应市场和需求的变化，才能在激烈的竞争中立于不败之地。

体育与经纪这个职业的融合也是体育产业融合性的一种体现。在现代社会，经纪公司已经成为一个不可或缺的行业，而体育经纪作为其中的一个分支，更是具有举足轻重的地位。体育经纪人在体育行业中扮演着重要的角色，他们不仅为运动员、教练员等提供专业的服务，还为体育赛事的策划和运营提供了有力的支持。体育经纪这个行业的发展，也是通过借鉴其他行业的经验而逐渐发展起来的。在与其他行业的融合过程中，体育经纪行业不断地创新和改进，为体育产业的快速发展提供了有力的保障。正是由于体育行业和经纪人这个职业的融合，才有了现在一次又一次运行得如此顺利的大型体育赛事的成功举办。在体育赛事的策划和运营过程中，体育经纪人发挥着重要的作用。他们不仅为赛事提供了专业的建议和支持，还为赛事的组织和实施提供了有力的保障。体育产业和其他行业的融合总是可以取得比较好的成效，这也是因为体育所融合的产业确实是适合双方的共同发展的。两个产业融合在一起之后，有一加一大于二的效果，才是真正的融合。如果两个行业融合之后不相适应，甚至产生了诸多的矛盾，那就证明要么是两个产业的确不适合融合在一起，要么就是融合的方式不对。做任何事情都是要讲求方式方法的，如果方法不对，或者方式不对，那么再适合融合的两个行业也不可能融合到一起，甚至会因为错误的方式方法，而错过一个好的商机，或者说错过体育产业的一个新的发展方向。因此，在推动体育产业与其他行业的融合过程中，我们需要注重方式方法的选择和运用。只有选择了正确的方式方法，才能确保两个产业的顺利融合和共同发展。体育产业与其他行业的融合是体育产业发展的重要趋势之一。通过借鉴其他行业的经验和发展模式，体育产业可以不断地创新和改进，为我国经济的多元化发展做出更大的贡献。

3. 人本性

传统的体育产业发展理念往往过于注重物质利益，而忽略了体育产业所具有的社会属性和人本性。这种观念导致体育产业的发展往往以追求经济利益为主要目标，而忽略了满足人们体育锻炼的需要。然而，体育产业的发展不仅仅是经济利益的追逐，更是满足人们健康、休闲、娱乐等需求的过程。体育产业的发展应该注重人本性，以满足人们的需求为出发点和落脚点。以体育服务业为例，体育服务业的发展就是为人民服务，通过提供各种体育服务，满足人们的健康需求和休闲娱乐需求。体育服务业的发展不仅为社会提供了更多的就业岗位，也为人们提供了更加便捷、多样化的体育服务。体育旅游业也是体育产业的一个重要分支，它以实现人的健康、休闲、娱乐为目标和宗旨。在体育旅游业中，人们可以通过参与各种户外运动和健身活动，达到锻炼身体、放松心情的目的。体育旅游业的发展不仅有助于促进旅游业的繁荣，也为人们提供了更加健康、积极的休闲方式。体育赛事虽然具有商业性的特征，但也是以人为主体的体育产业。在体育赛事中，运动员通过顽强拼搏的精神来鼓舞观众，给观众带来了许多正面的力量。同时，观众在观看体育赛事的过程中，也可以达到锻炼身体、放松心情的目的。因此，体育赛事的发展不仅有助于推动体育产业的发展，也为人们提供了更加丰富多彩的文化生活。通过提供各种体育服务和促进体育旅游业的发展，以及推动体育赛事的举办，可以为人们提供更加健康、积极的休闲方式和文化生活。同时，在推动体育产业发展的过程中，我们也应该注重方式方法的选择和运用，确保两个产业的顺利融合和共同发展。只有这样，我们才能真正实现体育产业的可持续发展和创新发展。

(三) 基于经济新常态的我国体育产业发展路径选择

1. 优化产业结构，促进产业升级

在经济新常态下，我国体育产业面临着新的机遇和挑战。为了适应市场需求和提升竞争力，优化产业结构、促进产业升级是体育产业发展的必经之路。首先，提高体育用品制造业的技术含量和附加值是优化产业结构的重要方向。随着科技的进步和消费者对品质的要求不断提高，体育用品制造业需要加大技术研发和创新的力度，提高产品的技术含量和附加值。这不仅可以满足消费者的需求，还可以提高产品的市场竞争力，促进产业的升级。其次，推动体育服务业的创新发展也是优化产业结构的重要举措。体育服务业是体育产业的重要组成部分，包括健身、培训、赛事组织等多个领域。通过创新服务模式、提高服务质量、拓展服务领域，可以满足消费者多样化的需求，推动体育服务业的快速发展。最后，加强体育赛事的策划和运营能力也是优化产业结构的重要方面。体育赛事是体育产业的重要组成部分，也是吸引观众和媒体关注的重要手段。通过加强赛事策划和运营能力，可以提高赛事的质量和水平，吸引更多的观众和媒体关注，推动体育产业的快速发展。优化产业结构、促进产业升级是经济新常态下我国体育产业发展的必经之路。通过提高体育用品制造业的技术含量和附加值、推动体育服务业的创新发展以及加强体育赛事的策划和运营能力，可以提高体育产业的竞争力和可持续发展能力，为我国体育产业的快速发展注入新的动力。

2. 培育市场主体，增强企业活力

市场主体是体育产业发展的核心驱动力，其活力和创新能力对于产业的可持续发展至关重要。在培育市场主体的过程中，政策引导和支持是不可或缺的一环。政府可以通过制定相关政策，鼓励企业加大研发投入，提高自主创新能力，推动体育产业的技术进步和产品升级。同时，人才培养和引进也是增强企业活力的关键。企业需要拥有一支高素质、专业化的人才队伍，才能应对市场的挑战和变化。政府可以通过加强教育和培训，提高人才的专业素质和创新能力，为企业提供源源不断的人才支持。此外，企业还需要注重品牌建设和市场营销，提高企业的知名度和美誉度，增强企业的核心竞争力。通过加强品牌建设和市场营销，企业可以更好地满足消费者的需求，提高产品的市场占有率，推动体育产业的快速发展。培育市场主体是推动体育产业发展的关键。政府需要加强政策引导和支持，鼓励企业加大研发投入，提高自主创新能力；同时加强人才培养和引进，提高企业的核心竞争力。通过增强企业活力，可以推动体育产业的快速发展，为我国经济的多元化发展做出更大的贡献。

3. 扩大内需，促进消费升级

在经济新常态下，扩大内需对于体育产业的发展具有至关重要的意义。随着人们生活水平的提高和消费观念的转变，体育消费已经成为人们日常生活的重要组成部分。因此，加强宣传和引导，提高人们的体育消费意识，是扩大体育消费市场的关键。为了实现这一目标，政府和社会各界需要共同努力。政府可以通过制定相关政策，鼓励体育产业的发展，提高体育产品和服务的供给能力；同时，加强宣传和教育，提高人们对体育消费的认知和重视程度。社会各界也可以通过举办各种体育活动和赛事，激发人们的体育兴趣和热情，推动体育消费市场的扩大。除了加强宣传和引导外，加强体育设施建设和运营管理也是扩大内需的重要手段。随着城市化进程的加快和人们健康意识的提高，对于体育设施的需求也在不断增加。因此，政府和企业需要加大投入力度，加强体育设施建设和运营管理，提高体育服务的质量和水平。这不仅可以满足人们日益增长的体育需求，还可以推动体育产业的快速发展。扩大内需是推动体育产业发展的关键。通过加强宣传和引导，提高人们的体育消费意识、加强体育设施建设和运营管理等措施的实施，可以扩大体育消费市场、促进消费升级、推动体育产业的快速发展。这将为我国经济的多元化发展注入新的动力。

4. 加强国际合作，推动全球化发展

经济全球化是当今世界经济发展的必然趋势，它为各国（地区）之间的经济合作和交流提供了广阔的空间。对于我国体育产业而言，加强国际合作、推动全球化发展是实现快速发展的重要途径。通过合理引进国际先进的体育理念、技术和管理经验，我国体育产业可以迅速提升自身的竞争力和创新能力。国际上已经有许多成功的体育产业案例和经验，我们可以借鉴和学习，将这些先进的理念和技术应用于我国的体育产业，推动产业的升级和发展。加强与国际体育组织的合作与交流也是推动我国体育产业全球化发展的重要手段。国际体育组织是全球体育产业的重要平台，通过与这些组织的合作，我们可以获得更多的资源和支持，推动我国体育产业的国际化发展。同时，我们也可以通过参与国际体育组织的活动和赛事，提高我国体育产业的知名度和影响力。通过加强国际合作、引进先进理念和技术、加强与国际体育组织的合作与交流等措施的实施，可以推动我国体育产业的全球化发展，提高我国体育产业的竞争力和可持续发展能力，为我国经济的多元化发展做出更大的贡献。

5. 强化政策支持，优化发展环境

政策支持是推动体育产业发展的关键因素。为了促进体育产业的健康发展，政府需要加强政策引导和支持，为体育产业发展提供良好的政策环境。首先，政府需要制定明确的体育产业发展规划和政策，明确发展目标和重点领域，为体育产业的发展提供明确的指导。同时，政府还需要加大对体育产业的投入力度，提高体育产业的财政支持力度，为体育产业的发展提供资金保障。其次，政府需要加强监管和评估，确保政策的实施效果。政策的制定和实施需要考虑到各种因素，包括市场需求、产业发展状况、政策执行情况等。因此，政府需要建立完善的监管和评估机制，对政策的实施效果进行及时跟踪和评估，发现问题及时进行调整和改进。再其次，政府还需要加强与体育产业界的沟通和合作，了解产业发展的实际情况和需求，为政策的制定和实施提供更加科学和合理的依据。最后，政府还需要加强对体育产业的宣传和推广，提高公众对体育产业的认知度和重视程度，为体育产业的发展营造良好的社会氛围。同时加强监管和评估，确保政策的实施效果。通过强化政策支持，可以推动我国体育产业的快速发展，为我国经济的多元化发展注入新的动力。

第二节　我国体育产业经济效益对经济建设的作用

(一) 促进经济增长

体育产业的发展确实可以促进经济增长，其中最显著的方式就是通过带动相关产业的发展。首先，体育装备制造业是体育产业发展的重要组成部分。随着人们对体育活动的需求不断增长，对体育装备的需求也相应增加。体育装备制造业涵盖了各种体育器材、运动鞋、运动服装等产品的生产。这些产品的需求直接促进了制造业的发展，创造了大量的就业机会，同时也带来了税收收入的增长，从而对经济增长产生了积极的推动作用。其次，体育场馆建设业也是体育产业发展的关键环节。无论是为了满足日常的体育活动需求，还是为了举办大型体育赛事，都需要建设大量的体育场馆。这些场馆的建设不仅需要大量的人力资源，还需要大量的物力和资金投入。因此，体育场馆建设业的繁荣为经济增长提供了强大的动力。此外，旅游业也是体育产业发展的受益者之一。大型体育赛事的举办往往能够吸引大量的观众前来观看，这些观众在满足自身娱乐需求的同时，也为当地的旅游业带来了巨大的商机。他们在当地消费后为当地经济贡献了大量的收入。同时，赛事的举办也会提高城市的知名度和美誉度，进一步吸引更多的游客前来旅游，从而进一步推动旅游业的发展。除了以上几个产业之外，体育产业的发展还对其他相关产业产生了积极的影响。例如，体育产业的繁荣带动了媒体、广告、金融等领域的发展。这些领域与体育产业密切相关，相互促进，共同推动了经济增长。

（二）增加税收收入

1. 体育场馆运营税收

体育场馆在运营过程中，需要向国家缴纳的税种主要包括营业税和所得税。这些税种的收入对于国家财政收入有着重要的贡献，并为国家各项事业提供了资金支持。首先，营业税是体育场馆需要缴纳的主要税种之一。营业税是按照企业的营业收入的一定比例征收的税种，旨在保证企业收益的合理分配和再投资。体育场馆的营业收入主要来自门票销售、场馆租赁、赞助费用等。这些收入都需要按照相关规定缴纳营业税，为国家财政收入提供了重要来源。其次，所得税也是体育场馆需要缴纳的重要税种。所得税是对企业或个人所得的收入征收的税种，旨在调节社会收入分配，促进经济发展和社会公平。体育场馆的利润收入需要按照相关规定缴纳企业所得税或个人所得税，为国家财政收入提供了重要支撑。此外，体育场馆的运营还涉及其他一些税费，如印花税、房产税等。这些税费虽然不是主要的税种，但对于体育场馆的运营也有一定的影响。

2. 体育赛事赞助税收

大型体育赛事的赞助费用往往高达数百万甚至数千万，这些资金对于赛事的成功举办至关重要。然而，很多人可能不知道的是，这些赞助费用同样需要向国家缴纳税金。赞助商在支付赞助费用的同时，也需要按照国家的税法规定缴纳相应的税费。这些税费根据国家的相关政策而异，可能包括企业所得税、增值税等。这意味着，赞助商不仅需要承担赞助费用本身的成本，还需要额外支付一部分税费。尽管赞助税收增加了赞助商的经济负担，但从另一方面来看，它也对国家财政和体育赛事产生了积极的影响。首先，赞助税收直接增加了国家的财政收入。这些资金可以用于国家的各项公共事业和基础设施建设，推动社会经济的发展和进步。其次，赞助税收的存在也为赛事的成功举办提供了保障。赛事的举办需要大量的资金支持，包括场地租赁、设备购置、人员工资等各方面的费用。赞助税收的存在可以确保赛事有足够的资金支持，从而保证赛事的顺利进行。

3. 体育装备销售税收

随着人们对体育活动的热情不断高涨，对体育装备的需求也呈现出快速增长的趋势。从运动鞋、运动服装到健身器材、户外装备等，体育装备的种类繁多，满足了不同人群的健身需求。这些体育装备的销售收入对于国家财政收入也作出了积极的贡献。每件体育装备在销售过程中都需要缴纳一定的税费，包括增值税、营业税等。这些税费是国家财政收入的重要组成部分，为国家的发展和建设提供了资金支持。体育装备市场的繁荣不仅为消费者提供了更多的选择，也为相关企业带来了更多的商机。企业通过生产和销售体育装备，获得利润并缴纳税费，为国家财政作出贡献。同时，体育装备市场的繁荣也推动了相关产业的发展，如物流、广告等，进一步增加了国家的财政收入。因此，我们应该充分认识到体育装备销售收入对于国家财政的重要性。在推动体育产业发展的同时，也要加强对体育装备市场的监管和管理，确保市场的公平竞争和消费者的权益。同时，我们也要鼓励消费者购买正规渠道的体育装备，为国家的财政收入作出贡献。通过这些努力，我们相信能够进一步推动体育产业的发展，为国家财政收入的增长做出更大的贡献。

4. 体育旅游税收

首先，大型体育赛事的举办为当地旅游业带来了大量的游客。这些游客在观看比赛的同时，也会在当地进行旅游活动，如参观景点、品尝美食、购物等。这些旅游活动不仅增加了当地的旅游收入，也带动了相关产业的发展，如餐饮、住宿、交通等。其次，大型体育赛事的举办也为当地旅游业提供了更多的宣传和推广机会。这些赛事往往吸引了大量的媒体关注，通过媒体的宣传和报道，当地的旅游资源得以更好地展示和推广。这不仅增加了当地旅游业的知名度和影响力，也吸引了更多的游客前来旅游。这些赛事往往需要与当地的旅游机构、酒店、餐饮等企业合作，为游客提供更好的旅游体验和服务。这种合作不仅增加了当地旅游业的收入，也为相关企业带来了更多的商机和发展机会。最后，大型体育赛事的举办也为当地旅游业提供了更多的就业机会。随着旅游业的发展，需要更多的工作人员和服务人员来满足游客的需求。这些就业机会不仅为当地居民提供了更多的就业机会和收入来源，也为当地的经济发展和社会进步做出了贡献。通过吸引大量游客前来观看比赛，满足游客的娱乐需求，同时也为当地的旅游业带来了更多的宣传、推广、合作和就业机会。这些机会不仅增加了当地的旅游收入和财政收入，也为当地的经济社会发展作出了积极贡献。

(三) 创造就业机会

体育产业的发展对于人才的需求非常旺盛，这不仅体现在运动员、教练员、裁判员等专业技术人才上，也包括体育教育师资和管理人才等。这些专业人才的培养和就业，对于缓解就业压力、促进社会稳定具有重要意义。

首先，运动员、教练员和裁判员是体育产业的核心人才。他们不仅需要具备专业的运动技能和理论知识，还需要具备丰富的实践经验和良好的职业道德。这些人才的培养需要投入大量的时间和精力，但他们的就业前景非常广阔。随着体育产业的不断发展，各种赛事、俱乐部和体育机构对这类人才的需求越来越大，为他们提供了更多的就业机会。其次，体育教育师资也是体育产业发展的重要人才。随着人们健康意识的提高和体育教育的普及，对体育教育师资的需求也在不断增加。体育教育师资不仅需要具备专业的运动技能和理论知识，还需要具备良好的教学能力和教育理念。他们的培养需要投入大量的教育资源和时间，但他们的就业前景同样非常广阔。此外，管理人才也是体育产业不可或缺的人才。随着体育产业的不断发展，各种赛事、俱乐部和体育机构的管理工作越来越复杂，需要更多的管理人才来支撑。这些管理人才需要具备专业的管理知识和实践经验，能够为体育产业的发展提供有效的管理和支持。这些专业人才的培养和就业，不仅为体育产业的发展提供了强有力的人才保障，也为社会提供了更多的就业机会。他们的就业不仅缓解了社会的就业压力，也为社会创造了更多的财富和价值。因此，我们应该充分认识到体育产业人才培养的重要性，加大对相关人才的培养和引进力度。同时，我们也应该为这些人才的就业提供更多的支持和帮助，创造更加公平、公正、透明的就业环境。只有这样，我们才能够充分发挥体育产业在促进社会经济发展和缓解就业压力方面的作用，实现体育产业的可持续发展。

（四）推动消费升级

体育产业的发展对于消费市场的繁荣具有积极的推动作用。随着人们健康意识的提高和体育活动的普及，对体育器材、体育赛事门票等产品的需求也不断增加。这些产品的销售不仅直接促进了相关消费市场的繁荣，还为整个社会的消费升级提供了动力。首先，体育器材销售市场的繁荣是体育产业发展的重要体现。从简单的运动器材到高端的健身设备，再到专业的运动装备，体育器材市场的产品种类繁多，满足了不同消费者的需求。这些产品的销售不仅为消费者提供了更多的选择，也为相关企业带来了丰厚的利润。其次，体育赛事门票销售市场的繁荣也是体育产业发展的重要体现。大型体育赛事的举办往往能够吸引大量的观众前来观看，这些观众为了观看比赛需要购买门票。随着体育赛事的增多和规模的扩大，门票销售市场的前景也越来越广阔。除了以上两个方面之外，体育产业的发展还带动了其他相关消费市场的繁荣。例如，随着人们对健康饮食的重视，运动营养品市场逐渐兴起；随着人们对运动休闲的追求，运动旅游市场也逐渐繁荣。这些市场的繁荣不仅直接反映了体育产业的发展状况，也为整个社会的消费升级提供了动力。因此，我们应该充分认识和发挥体育产业在消费市场中的重要作用，进一步推动我国体育产业的快速发展。同时，我们也需要加强市场监管和产品质量管理，为消费者提供更加安全、可靠、高品质的体育产品和服务。

（五）提升城市品牌价值

首先，大型体育赛事的举办能够显著提高城市的知名度和美誉度。大型体育赛事通常是全球性的、高水平的比赛，吸引了来自世界各地的观众、运动员、媒体等。这些赛事的举办使城市得以在全球范围内展示其独特魅力，包括自然风光、人文景观、城市设施等。同时，赛事的成功举办也能够展示城市的组织能力和管理水平，进一步提升城市的形象和声誉。其次，大型体育赛事的举办能够吸引更多的投资和人才。随着城市知名度和美誉度的提高，城市对于投资者的吸引力也会相应增强。投资者会更加关注这个城市的发展潜力，愿意在这里投资兴业。同时，大型体育赛事的举办也会吸引更多的优秀人才来到这个城市，包括运动员、教练员、裁判员、体育产业从业者等。这些人才的到来将为城市的经济发展和社会进步注入新的活力和动力。此外，大型体育赛事的举办还能够提升城市品牌价值。品牌价值是一个城市的无形资产，是城市综合竞争力的重要组成部分。通过举办大型体育赛事，城市可以塑造独特的品牌形象，提升品牌价值。这种品牌价值的提升不仅有助于吸引更多的游客和投资者，还能够增强市民的自豪感和归属感，进一步推动城市的可持续发展。

大型体育赛事的举办对于提升城市的知名度和美誉度，吸引更多的投资和人才，进而提升城市品牌价值具有重要意义。我们应该充分认识和发挥大型体育赛事在城市发展中的重要作用，积极申办和举办各类大型体育赛事，为城市的经济发展和社会进步注入新的活力和动力。同时，我们也需要加强城市基础设施建设和管理水平提升，为大型体育赛事的成功举办提供有力保障。通过这些努力，我们相信能够进一步提升城市的品牌价值和综合竞争力，推动城市的可持续发展。

第三节　体育产业中创意经济特点分析

一、创新驱动

创意经济以创新为核心，对于体育产业的发展具有重要意义。在体育产业中，无论是体育器材的设计、运动方式的创新，还是赛事策划的独特性，都需要充分发挥创意，以吸引更多的消费者和参与者。首先，创意经济在体育器材的设计中发挥着重要作用。随着科技的进步和消费者需求的多样化，体育器材的设计也越来越注重创新和个性化。企业需要充分发挥创意，设计出更加符合消费者需求、更加智能化、更加人性化的体育器材。例如，智能手环、智能跑步机等科技类产品在体育市场中越来越受欢迎，为消费者提供了更优质的体验。这些产品的出现，不仅满足了消费者的个性化需求，也为体育产业带来了新的发展机遇。其次，创意经济在运动方式的创新中也发挥着重要作用。随着人们生活水平的提高和健康意识的增强，越来越多的人开始关注运动和健身。然而，传统的运动方式往往缺乏趣味性和挑战性，难以满足消费者的需求。因此，企业需要充分发挥创意，设计出更加有趣、更加具有挑战性的运动方式，以吸引更多的消费者和参与者。例如，一些企业通过将运动与游戏相结合，设计出了更加具有趣味性和挑战性的运动方式，如 VR 健身、电子竞技等。最后，创意经济在赛事策划的独特性中也发挥着重要作用。赛事是体育产业的重要组成部分，而赛事的成功与否往往取决于策划的独特性和创新性。企业需要充分发挥创意，设计出更加独特、更加创新的赛事策划方案，以吸引更多的消费者和参与者。例如，一些企业通过将赛事与文化、艺术等元素相结合，设计出了更加具有文化内涵和艺术价值的赛事策划方案。这些新的赛事不仅吸引了更多的消费者和参与者，也为体育产业带来了新的发展机遇。

二、科技融合

创意经济与科技的紧密结合为体育产业带来了前所未有的发展机遇。首先，智能手环和智能跑步机等科技类产品的出现，为消费者提供了更加便捷、高效的运动体验。这些产品通过内置的传感器和算法，可以实时监测消费者的运动数据，如步数、心率、消耗的卡路里等，从而帮助消费者更好地了解自己的运动状态和健康状况。同时，这些产品还可以通过手机等智能设备与消费者进行实时交互，为消费者提供更加个性化的运动建议和健康管理方案。其次，智能手环和智能跑步机等科技类产品的出现，为体育产业带来了新的商业模式和盈利模式。例如，一些企业通过与智能手环和智能跑步机等科技类产品的制造商合作，推出定制化的运动装备和服务，从而满足消费者的个性化需求。同时，这些产品还可以通过广告、销售等方式获得收益，为体育产业带来了新的盈利模式。此外，智能手环和智能跑步机等科技类产品的出现，也为体育产业的品牌建设和推广提供了新的途径。这些产品不仅具有科技感和时尚感，还具有实用性和便捷性，从而吸引了更多的消费者关注和购买。同时，这些产品还可以通过社交媒体等渠道进行推广和宣传，提高品牌的知名度和影响力。

三、个性化需求

创意经济注重满足消费者的个性化需求，这一理念在体育产业中得到了充分体现。随着社会的进步和消费者需求的不断升级，体育消费者对于运动装备、健身器材等产品的需求越来越多样化。为了满足这种需求，创意经济发挥了重要作用，通过定制化设计、提供个性化的产品和服务，为消费者提供了更加贴心、更加个性化的体验。首先，创意经济在运动装备的定制化设计方面发挥了重要作用。传统的运动装备往往缺乏个性化和差异化，无法满足消费者的多样化需求。而创意经济则注重对消费者需求的深入了解和分析，通过定制化设计，为消费者提供更加符合其需求、更加个性化的运动装备。例如，一些企业可以根据消费者的身体状况、运动习惯和喜好等因素，量身定制运动鞋、运动服装等产品。这些产品不仅外观独特、舒适度高，还能满足消费者的个性化需求，提升他们的运动体验。其次，创意经济在健身器材的个性化设计方面也发挥了重要作用。传统的健身器材往往功能单一、使用体验不佳，无法满足消费者的多样化需求。而创意经济则注重对消费者需求的深入了解和分析，通过个性化设计，为消费者提供更加智能化、人性化、个性化的健身器材。例如，一些企业可以根据消费者的身体状况和运动目标，设计出更加智能化、便捷化的健身器材，如智能跑步机、智能哑铃等。这些产品不仅功能多样、使用便捷，还能满足消费者的个性化需求，提升他们的运动效果。此外，创意经济还通过提供个性化的服务来满足消费者的个性化需求。例如，一些企业可以根据消费者的身体状况和运动目标，提供个性化的运动计划和健康管理方案。这些服务不仅满足了消费者的个性化需求，也为体育产业带来了新的盈利模式和商业机会。同时，创意经济还注重对消费者需求的跟踪和反馈，不断优化产品和服务，提升消费者的满意度和忠诚度。

四、跨界合作

创意经济强调跨界合作，与其他产业进行融合，为体育产业带来更多的发展机会。这种跨界合作不仅有助于提升体育产业的整体竞争力，还能为消费者提供更全面的体验，促进体育产业的多元化发展。在体育与旅游的跨界合作中，体育产业可以借助旅游产业的资源优势，为消费者提供更加丰富的体育旅游产品。例如，一些企业可以开发体育旅游线路，将体育赛事、健身活动与旅游景点相结合，让消费者在旅游的过程中体验运动的乐趣。这种跨界合作不仅可以满足消费者的多样化需求，还能促进体育产业与旅游产业的共同发展。体育与娱乐的跨界合作也为体育产业带来了新的发展机会。娱乐产业具有广泛的受众群体和丰富的创意资源，可以为体育产业提供更多的创意支持和市场推广。例如，一些企业可以将体育赛事与娱乐节目相结合，通过电视、网络等媒体平台进行推广和宣传，提高体育赛事的知名度和影响力。这种跨界合作不仅可以吸引更多的观众关注和参与，还能为体育产业带来更多的商业机会。除了与旅游、娱乐等产业的跨界合作，体育产业还可以与其他产业进行更多的融合。例如，体育产业可以与科技产业相结合，推动智能化运动装备、健身器材等产品的研发和应用；体育产业还可以与教育产业相结合，推动青少年体育教育和运动培训的发展。

五、品牌建设

创意经济注重品牌建设，这对于提升体育产业的竞争力和影响力具有重要意义。品牌建设不仅仅是设计一个独特的标志或者口号，更是通过一系列的策略和行动，塑造出独特的品牌形象和优质的产品服务。首先，创意经济在品牌形象塑造方面发挥着重要作用。品牌形象是消费者对产品或服务的第一印象，它直接影响到消费者的购买决策和忠诚度。创意经济注重对品牌形象的深入研究和设计，通过独特的视觉识别、标志、口号等元素，塑造出具有辨识度和吸引力的品牌形象。这种独特的品牌形象不仅能够吸引消费者的注意，还能够提升消费者对产品的信任度和忠诚度。其次，创意经济在优质产品服务方面也发挥着重要作用。优质的产品服务是品牌建设的基础，它直接关系到消费者的使用体验和口碑传播。创意经济注重对产品服务的创新和提升，通过提供个性化、专业化的产品服务，满足消费者的多样化需求。这种优质的产品服务不仅能够提升消费者的满意度，还能够促进消费者的口碑传播，进一步扩大品牌的影响力。此外，创意经济还注重品牌的传播和推广。通过有效的营销策略和传播渠道，创意经济能够将品牌形象和优质产品服务传递给更多的消费者。这种传播和推广不仅能够提高品牌的知名度和影响力，还能够促进消费者的购买决策和忠诚度，进一步推动体育产业的可持续发展。创意经济注重品牌建设，通过独特的品牌形象和优质的产品服务，提升体育产业的竞争力和影响力。品牌建设能够提高消费者对产品的信任度和忠诚度，促进体育产业的可持续发展。因此，我们应该积极推动创意经济的发展，加强品牌建设和管理，为体育产业的可持续发展注入新的动力和活力。

第六章

冰雪体育产业发展及策略

第一节　冰雪体育基础及内涵

一、冰雪体育基本概述

（一）冰雪运动的基本概念

1. 冰上运动

（1）滑冰

速度滑冰是一项以速度为主的比赛，运动员需要在规定的跑道上以最短的时间滑完一圈。比赛跑道一般长为 400 米，分为内外两道，每条道宽为 4.5 米至 6 米，道与道之间有 0.5 米的间隙。运动员需要穿着特制的冰刀鞋，利用冰刀在冰面上快速滑行，以尽可能短的时间完成比赛。速度滑冰的规则非常简单，运动员需要在规定的时间内完成比赛，时间越短成绩越好。比赛过程中，运动员需要保持身体姿势低矮，膝盖向前弯曲，手臂自然摆动。在转弯时，运动员需要利用冰刀的外刃和内刃来控制转向和速度。速度滑冰是一项非常具有观赏性的比赛，运动员需要在高速滑行中保持技巧和节奏，展现出惊人的速度和爆发力。同时，速度滑冰也是一项非常考验运动员耐力和体能的比赛，需要具备出色的身体素质和高超的技术水平。

与速度滑冰不同，花样滑冰更注重动作的难度和艺术性。比赛场地通常为 40 米至 60 米长、26 米至 32 米宽的硬地或短草地。运动员需要穿着特制的冰刀鞋，利用各种技巧和动作展示自己的舞蹈和表演能力。花样滑冰的规则相对复杂，运动员需要在规定的时间内完成一系列自选动作和规定动作，包括旋转、跳跃、步法、姿态等。裁判员会根据运动员完成动作的质量、难度、创新性和艺术性来评定成绩。花样滑冰是一项非常具有观赏性的比赛，运动员需要在表演中展现出自己的个性和风格，创造出美妙的艺术享受。同时，花样滑冰也是一项非常考验运动员技巧和身体素质的比赛，需要具备出色的技巧和表现能力。

（2）冰球

冰球是一项极富激情与竞技性的团体运动，通常在室内或室外的冰球场进行。这项运动要求两队队员，每队通常由 6 名球员组成，利用特制的冰球杆将橡胶制成的冰球打入对方球门，从而争夺比赛的胜利。冰球比赛的场地是一个长方形的冰面，两端各有一个球门，中间有一条中线将场地一分为二。每队的目标是将冰球射入对方的球门，同时阻止对方射门。比赛中，运动员们身穿厚重的防护装备，手持冰球杆，在冰面上快速滑行、冲刺、传球和射门。冰球比赛的规则十分严格，包括越位、犯规、争球等多种规定。运动员在比赛中必须严格遵守规则，否则将受到相应的处罚。同时，由于冰球运动的高速性和激烈性，运动员之间经常会发生身体碰撞和摩擦，因此他们需要具备出色的身体素质和勇气。冰球运动不仅考验运动员的技巧和体力，更注重团队合作和战术策略。一支优秀的冰球队需要运动员们之间的默契配合和协同作战，通过精准的传球和高效的进攻来打破对方的防线，取得比赛的胜利。冰球是一项极具观赏性的运动，观众可以在比赛中感受到运动员们的激情与拼搏精神。同时，冰球也是一项全球性的运动，各国（地区）之间的冰球队经常进行友谊赛和竞技比赛，促进了国际体育交流与合作。

（3）冰壶

冰壶是一项在长方形冰场上进行的独特游戏，它融合了技巧、策略和团队合作。这项运动要求运动员通过投掷和刷子将石子移动到指定的位置，以获得更高的得分。冰壶比赛的场地是一个长方形的冰面，长约45米，宽约18米。在冰面上，有两个圆心，每个圆心都有一个圆圈，运动员的目标是将石子投掷到圆圈内，使石子接近或远离圆心。每支队伍通常有4个运动员，分别担任投手、刷手、前锋和后卫等角色。运动员在比赛中需要利用刷子将石子刷到指定位置。刷子的作用是改变石子的方向和速度，使石子能够按照运动员的意图移动。运动员需要掌握正确的投掷和刷动技巧，才能使石子准确地移动到目标位置。冰壶比赛的规则相对简单，运动员需要在规定的时间内将石子投掷到圆圈内，并使其接近或远离圆心。每个队伍都有两次机会进行投掷，如果石子进入了圆圈内，并且离圆心较近，则该队伍可以获得分数。如果石子没有进入圆圈内，或者离圆心较远，则该队伍不得分。冰壶运动不仅考验运动员的技巧和准确性，更注重团队合作和战术策略。一支优秀的冰壶队伍需要运动员们之间的默契配合和协同作战，通过精准的投掷和高效的刷动来获得更高的得分。

2. 雪上运动

（1）滑雪

高山滑雪是滑雪运动中最受欢迎的项目之一，它是在山坡上进行的比赛。运动员需要穿着特制的滑雪板和防护装备，利用滑雪杆在山坡上快速滑下。比赛场地通常为长数百米、宽数十米的斜坡，运动员需要在规定的时间内完成比赛，以最短的时间到达终点。高山滑雪的规则非常简单，运动员需要在规定的时间内完成比赛，时间越短成绩越好。比赛中，运动员需要保持身体姿势低矮，膝盖向前弯曲，手臂自然摆动。在转弯时，运动员需要利用滑雪板的外刃和内刃来控制转向和速度。高山滑雪是一项非常具有观赏性的比赛，运动员需要在高速滑行中保持技巧和节奏，展现出惊人的速度和爆发力。同时，高山滑雪也是一项非常考验运动员耐力和体能的比赛，需要具备出色的身体素质和高超的技术水平。

与高山滑雪不同，越野滑雪是在雪地上进行的比赛。运动员需要穿着特制的滑雪板和防护装备，利用滑雪杆在雪地上滑行。越野滑雪的规则与高山滑雪相似，运动员需要在规定的时间内完成比赛，时间越短成绩越好。越野滑雪是一项非常具有观赏性的比赛，运动员需要在雪地上展现出自己的技巧和速度。同时，越野滑雪也是一项非常考验运动员耐力和体能的比赛，需要运动员具备出色的身体素质和高超的技术水平。

跳台滑雪是滑雪运动中最具挑战性的项目之一，它是在高台上进行的比赛。运动员需要穿着特制的滑雪板和防护装备，从高台跳下并在空中做出各种动作。比赛场地通常为长数百米、宽数十米的斜坡，运动员需要在空中完成各种动作并保持平衡。跳台滑雪的规则非常严格，运动员需要在规定的时间内完成比赛，动作难度和完成质量都会影响成绩。在比赛中，运动员需要保持身体姿势稳定，掌握正确的起跳和落地技巧。同时，跳台滑雪也是一项非常考验运动员勇气和胆量的比赛，需要具备出色的心理素质和高超的技术水平。总之，滑雪是一项非常具有挑战性和观赏性的运动，它不仅考验运动员的技巧和身体素质，更注重团队合作和战术策略。各个项目都有其独特的规则和特点，吸引了全球各地的爱好者参与其中。

（2）雪车

雪车是一项在雪地上进行的团体运动，通常由两队队员组成，每队4名运动员，他们共同乘坐一辆雪车在雪地上行驶。这项运动的目标是通过团队合作，以最短的时间完成比赛，并争夺比赛的胜利。雪车的构造非常特殊，它由一个宽大的雪橇和两个长长的滑板组成。运动员们坐在雪橇上，双手握住滑板，通过团队合作的力量推动雪车前进。在比赛中，运动员们需要利用雪车的滑板在雪地上滑行，以最短的时间完成比赛。雪车的比赛场地通常是一条长数百米、宽数十米的斜坡，斜坡的倾斜角度和弯道设计都会影响比赛的难度和观赏性。在比赛中，两队队员需要相互配合，通过默契的团队合作来推动雪车前进。运动员们需要保持身体姿势稳定，掌握正确的滑行技巧和转弯技巧，以保持速度和稳定性。雪车的规则非常简单，比赛以计时方式进行，时间越短成绩越好。在比赛中，两队队员需要相互竞争，争夺比赛的胜利。同时，运动员们还需要遵守比赛规则，确保比赛的公平性和安全性。雪车是一项非常具有观赏性的运动，观众可以在比赛中感受到运动员们的激情和拼搏精神。同时，雪车也是一项非常考验运动员身体素质和团队合作能力的运动，需要具备出色的身体素质和高超的技术水平。雪车是一项非常有趣和刺激的运动，它不仅考验运动员的技巧和身体素质，更注重团队合作和战术策略。

（3）雪橇

雪橇是一项极具刺激和快感的冬季户外娱乐项目，它让人们在雪地上体验到了前所未有的乐趣。雪橇的形状和大小各异，可以根据个人喜好和年龄选择适合自己的雪橇。通常，雪橇由一个宽大的滑板和一个长长的雪橇组成，人们坐在雪橇上，双手握住滑板，通过团队合作的力量推动雪橇前进。在雪橇比赛中，运动员们需要从高处滑下，通过雪道的弯曲和陡峭来展示自己的技巧和速度。雪道的长度和难度各异，运动员们需要掌握正确的滑行技巧和转弯技巧，以保持速度和稳定性。同时，他们还需要保持身体姿势稳定，避免在滑行中摔倒或受伤。除了比赛外，雪橇还可以作为一种冬季户外娱乐项目，让人们在雪地上体验到刺激和快感。在雪橇场上，人们可以坐在雪橇上从高处滑下，感受速度和失重带来的刺激感。同时，雪橇还可以作为一种亲子活动，让家长和孩子一起享受雪地上的乐趣。

（二）冰雪运动的特点和规则

1. 特点

冰雪运动是一项独特的竞技和娱乐活动，它不仅要求运动员具备高超的技术水平和身体素质，还需要适应特定的场地和器材要求。因此，冰雪运动的规则和裁判方法也有所不同，以确保比赛的公平性和安全性。首先，冰雪运动的竞技性非常强。在比赛中，运动员需要展现出自己的技巧和速度，以争夺比赛的胜利。因此，冰雪运动的规则通常非常严格，对运动员的技术要求也非常高。例如，在滑雪比赛中，运动员需要掌握正确的起跳和落地技巧，以保持速度和稳定性；在冰球比赛中，运动员需要准确掌握射门和传球技巧，以赢得比赛。其次，冰雪运动需要适应特定的场地和器材要求。由于冰雪运动的场地通常非常寒冷和湿滑，因此运动员需要穿着特制的服装和鞋子来适应这些条件。同时，冰雪运动的器材也需要适应特定的场地和比赛规则。例如，在滑雪比赛中，雪橇需要适应不同的雪道和坡度；在冰球比赛中，冰刀需要适应不同的冰面和比赛规则。最后，冰雪运动的规则和裁判方法也有所不同。由于冰雪运动的场地和器材都非常特殊，因此其规则和裁判方法也需要根据实际情况进行调整。例如，在滑雪比赛中，裁判员需要根据运动员的起跳高度、落地姿势和速度等因素进行评分；在冰球比赛中，裁判员需要根据运动员的犯规行为、进球和比赛时间等因素进行判断。

2. 规则

冰雪运动的规则确实因项目而异，这是由于各个项目的特点和要求不同所导致的。然而，尽管规则各异，但冰雪运动的规则一般都会涉及比赛场地、器材、比赛方式、得分方式等方面的规定。以速度滑冰为例，其规则规定了跑道的长度、宽度和弯道半径等参数。这些参数的设置都是为了确保运动员能够在安全的前提下，以最快的速度滑行。同时，速度滑冰的规则还会对运动员的起跑方式、滑行姿势、犯规行为等方面进行规定，以确保比赛的公平性和公正性。而花样滑冰则更注重动作的难度和艺术性。其规则会规定运动员在冰上表演时必须完成的动作难度和技巧，以及表演的整体艺术性和表现力。这些规则的设置都是为了确保运动员能够在比赛中展现出自己的最佳水平，并给观众带来美的享受。冰球比赛则需要按照一定的规则进行攻防转换和得分判定，其规则会规定比赛场地的尺寸、球门的位置、进攻和防守的规则等，这些规则的设置都是为了确保比赛的顺利进行和公平性。

二、冰雪体育的内涵

（一）体验与挑战

冰雪体育确实为运动员提供了独特的体验和挑战。在冰雪环境中，运动员需要面对寒冷、湿滑等环境条件，这些条件对他们的身体和心理都提出了更高的要求。首先，寒冷的环境对运动员的体力和耐力都是一种考验。在冰雪运动中，运动员需要穿着厚重的服装来保暖，但即使如此，他们仍然需要面对低温的挑战。低温会使肌肉收缩，血液循环减缓，这会对运动员的体力和耐力产生影响。因此，运动员需要在训练中加强耐寒训练，提高自己的抗寒能力。其次，湿滑的地面也是冰雪运动中的一大挑战。在冰面上滑行时，运动员需要掌握正确的滑行技巧和平衡能力，以保持稳定和速度。同时，湿滑的地面也会增加运动员受伤的风险。因此，运动员需要在训练中加强技巧训练和安全意识培养，以避免受伤。除了环境条件外，冰雪运动中的高强度也是对运动员身体素质和技能水平的考验。在冰雪运动中，运动员需要快速反应、准确判断和灵活应对各种情况。这需要他们具备较高的身体素质和技能水平。因此，运动员需要在训练中加强身体素质训练和技术训练，提高自己的竞技水平。然而，正是这些体验和挑战让冰雪体育更具魅力。在挑战中成长和进步是每一位运动员的追求。通过不断努力和坚持，运动员可以在冰雪运动中突破自我、超越极限，实现自己的梦想和目标。

（二）团队协作与竞技

冰雪体育中的团队协作确实是一项重要的考验。在雪上运动中，如雪橇和雪车等项目，需要多名运动员协同操作，共同推动雪橇或雪车前进。这种团队协作不仅要求运动员具备高超的技能水平，还需要他们具备出色的团队协作能力。首先，雪橇和雪车等项目需要多名运动员协同操作。在比赛中，运动员们需要相互配合，掌握正确的操作技巧和节奏，以确保雪橇或雪车能够平稳、快速地前进。这种协同操作需要运动员们具备较高的默契度和信任感，以确保比赛的顺利进行。其次，这些项目还需要运动员具备出色的团队协作能力。在比赛中，运动员们需要相互信任、相互支持，共同面对挑战和困难。同时，他们还需要根据比赛情况及时调整策略和战术，以确保团队能够取得最好的成绩。此外，团队协作还体现在运动员之间的沟通和协调上。在比赛中，运动员们需要时刻保持沟通，及时传递信息、反馈情况，以确保团队能够做出正确的决策和应对措施。这种沟通和协调需要运动员们具备较高的语言能力和沟通能力，以保持团队的凝聚力和战斗力。

（三）艺术与审美

冰雪体育中的一些项目，如花样滑冰和冰舞等，确实具有很高的艺术性和审美价值。这些项目不仅要求运动员具备高超的技巧和技能水平，还需要他们展现出独特的艺术表现力和创造力，给观众带来美的享受。首先，花样滑冰和冰舞等项目需要运动员具备高超的技巧和技能水平。在冰上表演时，运动员需要掌握各种复杂的滑行动作和旋转技巧，以及高难度的舞蹈动作。这些技巧和动作需要经过长期的训练和磨炼，才能够熟练掌握和运用。其次，这些项目还需要运动员具备独特的艺术表现力和创造力。在表演中，运动员需要通过优美的姿势、流畅的动作和灵活的步伐等来展现出独特的艺术魅力。这种艺术表现力需要运动员具备较高的舞蹈水平和音乐感，以及独特的创造力和表现力。此外，花样滑冰和冰舞等项目的表演还需要运动员具备较高的服装和场地审美能力。在表演中，运动员需要穿着精美的服装，配合华丽的灯光和音乐，以及精美的舞台布置，创造出完美的视觉效果和艺术感受。最后，这些项目的表演还需要运动员具备较高的情感表达能力和表演技巧。在表演中，运动员需要通过情感表达来传递故事或情感，以及通过面部表情和身体语言来与观众进行互动和交流。这种情感表达能力和表演技巧需要运动员具备较高的天赋和经验，才能够完美地展现出冰上表演的魅力。

（四）文化传承与弘扬

冰雪体育作为冰雪文化的重要组成部分，不仅是一项竞技运动，更是一种文化传承和弘扬的方式。通过参与冰雪运动，人们可以深入了解和体验冰雪文化的内涵和魅力，从而更好地传承和弘扬这一独特的文化。首先，冰雪体育是冰雪文化的重要载体。在冰雪运动中，人们可以感受到冰雪文化的独特魅力和精神内涵。例如，在滑雪比赛中，运动员需要具备勇气、毅力和拼搏精神，这些精神正是冰雪文化所倡导的。同时，在冰雪运动中，人们还可以了解到冰雪文化的历史、传统和习俗，从而更好地了解和传承这一文化。其次，冰雪运动为人们提供了展示冰雪文化的平台。在冰雪运动中，人们可以通过各种形式展示自己的冰雪技能和艺术才华，从而让更多的人了解和欣赏冰雪文化。例如，在冰雕比赛中，人们可以通过雕刻出各种精美的冰雕作品来展示自己的技艺和创造力；在冰舞比赛中，人们可以通过优美的舞蹈动作来展示自己的艺术魅力和表现力。最后，冰雪运动推动了冰雪文化的传播和发展。通过参与冰雪运动，人们可以更加深入地了解和体验冰雪文化，从而将这一文化传播到更广泛的人群中。同时，随着冰雪运动的不断发展，冰雪文化的内涵和形式也在不断丰富和创新，为这一文化的传承和发展注入了新的活力和动力。

第二节　冰雪体育旅游的消费特征

一、消费动机多样化

（一）休闲度假

对于许多人来说，冰雪体育旅游是一种休闲度假的方式。在寒冷的冬季，他们选择前往冰雪资源丰富的地区，享受雪景、雪地运动和温泉等，放松身心，缓解压力。这种休闲度假的方式满足了消费者对于放松和享受的需求。

（二）健康养生

冰雪运动被认为是一种健康养生的方式。参与冰雪运动可以增强体质，提高心肺功能，促进血液循环，有助于预防和治疗一些慢性疾病。因此，许多消费者选择冰雪体育旅游，是为了追求健康和养生。

（三）社交娱乐

冰雪体育旅游是一种社交娱乐的方式。人们可以与家人、朋友一起参与冰雪运动，增进彼此之间的感情，享受运动的乐趣。同时，在冰雪旅游中，人们还可以结识新的朋友，拓展社交圈。

（四）文化体验

冰雪体育旅游不仅是一种运动和娱乐方式，更是一种文化体验。在冰雪旅游中，消费者可以了解和体验到冰雪文化的独特魅力，如雪雕、冰雕、雪地艺术等。这些文化体验让消费者在旅行中收获更多的知识和感受。

二、消费水平较高

冰雪体育旅游的消费相对较高，这是由冰雪运动和旅游本身的特点所决定的。首先，冰雪体育旅游需要特定的场地和器材，这些场地和器材的建设和维护成本较高，因此相关消费相对较高。例如，滑雪场需要建设高标准的雪道、索道、雪具等设施，这些设施的建设和维护成本较高，因此门票价格和租赁费用也相对较高。其次，冰雪体育旅游产品价格也相对较高，属于中高端消费领域。由于冰雪旅游产品具有较高的品质和特色，因此其价格也相对较高。例如，一些高标准的滑雪场和酒店，其价格往往较高，但是它们提供的服务和设施也更加优质。此外，冰雪体育旅游的消费也受到季节性的影响。由于冰雪运动主要在冬季进行，因此冰雪体育旅游的消费也呈现出季节性的特点。在冬季，冰雪体育旅游产品的需求量较大，价格也相对较高；而在非冬季时段，需求量减少，价格也相对较低。但是，随着冰雪运动的普及和推广，越来越多的消费者开始参与冰雪体育旅游，这也带动了冰雪体育旅游市场的快速发展。同时，政府也出台了一系列政策措施，支持冰雪体育旅游产业的发展，鼓励企业加大对冰雪体育旅游的投入，提高服务质量和设施水平，降低消费者的消费成本，进一步促进了冰雪体育旅游市场的繁荣和发展。

三、消费季节性明显

在冬季，由于气温较低，雪景和冰雪运动更加丰富和有趣，因此吸引了大量的游客前来参与。而在非冬季时段，由于气温较高，雪景和冰雪运动相对较少，因此相关消费需求明显降低。这种消费季节性特点也给冰雪体育旅游产业带来了挑战和机遇。在冬季，由于需求量较大，冰雪体育旅游市场的竞争也更加激烈，企业需要提供更加优质的服务和产品来吸引游客。而在非冬季时段，虽然需求量减少，但是企业可以利用这段时间进行设施维护和更新，提高服务质量和设施水平，为下一个冬季的消费高峰做好准备。此外，冰雪体育旅游的消费季节性特点也给消费者带来了不同的体验和感受。在冬季，消费者可以欣赏到美丽的雪景和参与各项冰雪运动，感受冰雪运动的乐趣和魅力。而在非冬季时段，消费者可以选择其他旅游产品和服务，体验不同的文化和风景。这种特点给冰雪体育旅游产业带来了挑战和机遇，同时也给消费者带来了不同的体验和感受。企业需要抓住机遇，提高服务质量和设施水平，为游客提供更加优质的产品和服务；消费者可以根据自己的需求和兴趣选择适合自己的旅游产品和服务，享受冰雪运动的乐趣和魅力。

四、消费群体年轻化

随着冰雪运动的普及和推广，越来越多的年轻人开始参与冰雪运动和冰雪旅游。这一趋势不仅反映了年轻人对冰雪运动的热情和兴趣，也预示着冰雪体育旅游市场的未来发展潜力。年轻人的参与为冰雪体育旅游注入了新的活力和动力。他们充满活力，敢于挑战，追求新鲜和刺激，这些特点使得他们在冰雪运动和旅游中表现出极高的热情。他们不仅热衷于参与冰雪运动，如滑雪、滑冰等，更愿意通过冰雪旅游的方式，深入体验冰雪文化的魅力。年轻人的加入也推动了冰雪体育旅游的创新和发展。他们对于新鲜事物的好奇心和接受度更高，因此更容易接受新的旅游方式和产品。这为冰雪体育旅游产业提供了更多的创新空间和可能性，推动产业不断向前发展。此外，年轻人的参与还为冰雪体育旅游市场带来了更广阔的消费群体。随着年轻人的加入，冰雪体育旅游的消费群体更加多元化，消费需求也更加丰富和个性化。这为冰雪体育旅游产业提供了更多的市场机会和发展空间。随着冰雪运动的普及和推广，越来越多的年轻人开始参与冰雪运动和冰雪旅游，这使得冰雪体育旅游的消费群体呈现年轻化的趋势。这一趋势为冰雪体育旅游产业注入了新的活力和动力，推动了产业的创新和发展，同时也为市场带来了更广阔的消费群体和发展空间。

五、消费行为理性化

随着消费者对冰雪体育旅游的认知和了解程度不断提高，他们的消费行为也更加理性化。这意味着消费者在选择旅游产品和服务时，不再仅仅追求价格低廉，而是更加注重品质和服务质量。首先，消费者对冰雪体育旅游的认知提高，使他们更加了解产品的特点和价值。他们明白冰雪体育旅游不仅仅是一种休闲娱乐方式，更是一种健康、文化、社交等多方面的体验。因此，他们在选择旅游产品和服务时，会更加注重其品质和价值，而不仅仅是价格。其次，消费者对冰雪体育旅游的深入了解，使他们更加注重服务质量和体验。他们希望在旅游过程中获得更好的服务、更舒适的体验，而不仅仅是简单的价格优惠。因此，他们会更加关注旅游产品和服务的质量、服务态度、设施条件等方面，以选择更符合自己需求的产品和服务。这种理性化的消费行为也推动了冰雪体育旅游产业的升级和改进。为了满足消费者的需求，企业需要不断提高产品质量和服务水平，提供更加优质的产品和服务。同时，企业也需要加强品牌建设和市场推广，提高产品的知名度和竞争力，以吸引更多的消费者。这种理性化的消费行为推动了冰雪体育旅游产业的升级和改进，为产业的未来发展提供了更广阔的空间和机遇。

六、消费方式多元化

随着互联网技术的发展和普及，消费者在选择冰雪体育旅游产品和服务时，有了更多的渠道和方式。互联网为消费者提供了更加便捷、高效的信息获取和消费方式，使得消费者能够更加方便地了解和选择旅游产品和服务。首先，互联网为消费者提供了丰富的信息来源。消费者可以通过搜索引擎、旅游网站、社交媒体等渠道获取关于冰雪体育旅游的各类信息，包括旅游产品介绍、价格、评价等。这使得消费者能够更加全面地了解冰雪体育旅游的相关信息，从而做出更加明智的消费决策。其次，互联网为消费者提供了在线预订和支付的方式。消费者可以通过旅游网站、手机APP 等平台进行在线预订和支付，避免了传统方式中需要到实体店或电话预订的繁琐流程。这种在线预订和支付的方式不仅方便快捷，而且能够降低消费者的时间和精力成本，提高消费效率。此外，互联网还为消费者提供了更加个性化的服务。消费者可以根据自己的需求和兴趣，在旅游网站上定制个性化的旅游行程和产品。这种个性化的服务能够满足消费者的个性化需求，提高消费者的满意度和体验感。

七、消费文化体验化

冰雪体育旅游不仅仅是一种运动和娱乐方式，更是一种深入的文化体验。它融合了冰雪运动、自然景观、人文历史等多方面的元素，为消费者提供了一个全方位、多维度的文化体验。首先，冰雪运动本身就是一种独特的文化体验。参与冰雪运动，如滑雪、滑冰等，不仅能够锻炼身体，提高身体素质，更能够感受到冰雪运动的独特魅力和文化内涵。在冰雪运动中，消费者可以感受到速度与激情的碰撞，体验到挑战自我、超越极限的快乐，这些都是冰雪运动带给我们的独特文化体验。其次，冰雪景观也是冰雪体育旅游中不可或缺的一部分。在冰雪旅游中，消费者可以欣赏到壮观的雪景、冰雕、雪雕等自然景观和人文景观。这些景观不仅美化了环境，更能够让消费者感受到冰雪文化的独特魅力和深厚底蕴。此外，冰雪体育旅游还融合了丰富的地域文化和民族特色。在冰雪旅游中，消费者可以了解到不同地域、不同民族的冰雪文化和传统习俗，感受到冰雪文化的多样性和丰富性。这种地域文化和民族特色的融入，使得冰雪体育旅游更加具有吸引力和独特性。

第三节　充分利用资源

一、开发冰雪旅游产品

利用冰雪资源开发冰雪旅游产品是促进冰雪旅游发展的重要途径。冰雪旅游产品如滑雪、滑冰、雪雕、冰雕等，具有独特的魅力和吸引力，能够吸引大量游客前来参与，从而增加旅游收入。首先，滑雪和滑冰是冰雪旅游中最受欢迎的产品之一。在冬季，许多国家和地区都会开设滑雪场和滑冰场，为游客提供滑雪和滑冰的体验。因此，开发优质的滑雪场和滑冰场，提供专业的教练和设备，是吸引游客的重要手段。其次，雪雕和冰雕也是冰雪旅游中的重要产品。在冬季，许多地方会举办雪雕比赛和冰雕展览，展示精美的雪雕和冰雕作品。因此，开发优质的雪雕和冰雕作品，提供专业的制作和展示服务，也是吸引游客的重要手段。此外，利用冰雪资源开发其他冰雪旅游产品也是可行的。例如，可以开发冰雪主题的酒店、餐厅、酒吧等，为游客提供更加丰富的旅游体验。同时，也可以开发冰雪主题的旅游线路和产品，如冰雪探险游、冰雪文化游等，满足不同游客的需求。为了吸引更多游客前来参与冰雪旅游产品，还需要加强市场推广和营销。可以通过各种渠道宣传冰雪旅游产品的特点和优势，提高公众对冰雪旅游的认知和参与度。通过开发优质的滑雪场、滑冰场、雪雕、冰雕等产品，提供专业的教练和设备、制作和展示服务等方式，可以吸引大量游客前来参与，从而增加旅游收入。同时，加强市场推广和营销也是必不可少的手段。只有通过多方面的努力和推广，才能让更多人了解和参与冰雪旅游，感受冰雪运动的乐趣和魅力。

二、举办冰雪赛事

利用冰雪资源举办各类冰雪赛事是提高冰雪运动知名度和影响力，促进冰雪运动发展的重要途径。冰雪赛事如滑雪比赛、冰球比赛等，不仅能够吸引众多运动员和观众的参与，还能够展示冰雪运动的魅力和水平，推动冰雪运动的发展。首先，冰雪赛事能够提高冰雪运动的知名度和影响力。通过举办各类冰雪赛事，可以让更多的人了解和认识冰雪运动，增加冰雪运动的曝光度和关注度。同时，冰雪赛事也是展示冰雪运动水平和运动员风采的重要平台，能够吸引更多的观众前来观看和参与，进一步扩大冰雪运动的影响力。其次，冰雪赛事能够促进冰雪运动的发展。通过举办各类冰雪赛事，可以吸引更多的青少年和成年人参与冰雪运动，提高冰雪运动的普及率和参与度。同时，冰雪赛事也是选拔和培养优秀运动员的重要途径，能够为冰雪运动的发展提供更多的人才支持。

为了充分利用冰雪资源举办各类冰雪赛事，需要做好以下几点：

1. 制定科学的赛事计划和安排

在举办各类冰雪赛事前，需要充分了解市场需求和实际情况，制定科学合理的赛事计划和安排。包括赛事时间、地点、参赛队伍、比赛项目等都需要进行详细规划和设计。

2. 提升赛事质量和水平

在举办各类冰雪赛事时，需要注重提升赛事质量和水平，包括比赛规则、裁判水平、场地设施等方面都需要进行严格把关和提升。同时，还需要加强赛事组织和管理工作，确保赛事的顺利进行和圆满完成。

3. 加强宣传和推广工作

在举办各类冰雪赛事时，需要加强宣传和推广工作，通过各种渠道宣传赛事的特点和优势，提高公众对冰雪运动的认知和参与度。同时，还可以通过举办新闻发布会、发布宣传海报等方式，进一步扩大赛事的影响力和知名度。

4. 培养优秀的运动员和教练员

在举办各类冰雪赛事时，需要注重培养优秀的运动员和教练员，通过选拔和培训等方式提高他们的竞技水平和执教能力。同时，还需要加强与国内外优秀运动员和教练员的交流和学习，引进先进的训练方法和理念，推动冰雪运动的发展。

三、开展冰雪运动培训

利用冰雪资源开展各类冰雪运动培训，是提高公众对冰雪运动的认知和参与度，培养更多冰雪运动人才的重要途径。通过冰雪运动培训，可以让更多的人了解和掌握冰雪运动的技能和知识，提高他们的身体素质和运动能力，为冰雪运动的发展提供更多的人才支持。首先，冰雪运动培训可以提高公众对冰雪运动的认知和参与度。通过参与冰雪运动培训，可以让更多的人了解冰雪运动的规则、技巧和注意事项，增加他们对冰雪运动的认知和兴趣。同时，冰雪运动培训还可以提供更多的参与机会，让更多的人能够亲身参与冰雪运动，感受冰雪运动的乐趣和魅力。其次，冰雪运动培训可以培养更多的冰雪运动人才。通过专业的冰雪运动培训，可以培养出更多的优秀运动员和教练员，为冰雪运动的发展提供更多的人才支持。同时，冰雪运动培训还可以为青少年提供更多的锻炼机会和竞技平台，让他们从小培养运动兴趣和竞技精神，为未来的冰雪运动发展打下坚实的基础。

为了充分利用冰雪资源开展各类冰雪运动培训，需要做好以下几点：

1. 制定科学的培训计划和方案

在开展各类冰雪运动培训前，需要充分了解市场需求和实际情况，制定科学合理的培训计划和方案。包括培训目标、培训内容、培训方式、培训时间等方面都需要进行详细规划和设计。

2. 建设专业的师资队伍

在开展各类冰雪运动培训时，需要建设专业的师资队伍，包括优秀的教练员、裁判员等。他们需要具备专业的技能和知识，能够为学员提供优质的指导和帮助。

3. 提供良好的培训环境和设施

在开展各类冰雪运动培训时，需要提供良好的培训环境和设施，包括专业的训练场地、器材设备等。这些设施需要满足学员的训练需求，提供安全、舒适、便捷的培训环境。

4. 建立完善的培训评估机制

在开展各类冰雪运动培训时，需要建立完善的培训评估机制，对学员的学习成果进行评估和反馈。通过评估可以了解学员的学习情况和进步程度，及时发现问题并加以改进。

四、推广冰雪文化

利用冰雪资源推广冰雪文化，是提高公众对冰雪文化的了解和认同，促进冰雪文化的传承和发展的重要途径。冰雪文化是冰雪运动和冰雪旅游的重要组成部分，它包含了冰雪艺术、冰雪历史、冰雪民俗等多个方面，具有独特的魅力和深厚底蕴。首先，利用冰雪资源推广冰雪艺术可以提高公众对冰雪文化的认知和兴趣。冰雪艺术包括雪雕、冰雕、冰灯等，它们以冰雪为材料，通过艺术家们的巧手和创意，塑造出各种生动形象的艺术作品。通过举办冰雪艺术展览、冰雪艺术比赛等活动，可以让更多的人了解和欣赏到冰雪艺术的魅力，增加他们对冰雪文化的兴趣和热爱。其次，利用冰雪资源推广冰雪历史可以增强公众对冰雪文化的认同和传承。冰雪历史是冰雪文化的重要组成部分，它记录了人类与冰雪的互动和演变过程。通过举办冰雪历史讲座、冰雪文化展览等活动，可以让更多的人了解和认识到冰雪历史的重要性，增强他们对冰雪文化的认同和传承意识。此外，利用冰雪资源推广冰雪民俗也可以丰富公众对冰雪文化的了解和体验。冰雪民俗是人们在长期与冰雪相处过程中形成的一种文化现象,包括雪地游戏、冰上运动、冰雕比赛等。通过举办冰雪民俗活动、冰雪文化体验营等活动,可以让更多的人亲身参与和体验冰雪民俗的乐趣和魅力,增加他们对冰雪文化的了解和体验。

五、建设冰雪旅游设施

利用冰雪资源建设各类冰雪旅游设施,如滑雪场、滑冰场、雪雕公园等,是提高冰雪旅游体验和服务质量的重要途径。这些设施可以为游客提供更加丰富、多样化和安全舒适的旅游体验,促进冰雪旅游的可持续发展。首先,建设滑雪场和滑冰场是冰雪旅游中最为常见的设施之一。滑雪场和滑冰场可以提供专业的滑雪和滑冰设备,为游客提供安全、舒适、专业的滑雪和滑冰体验。同时,滑雪场和滑冰场还可以举办各种冰雪赛事和活动,吸引更多的游客前来参与和观赏,增加冰雪旅游的吸引力和影响力。其次,建设雪雕公园也是冰雪旅游中不可或缺的设施之一。雪雕公园可以展示精美的雪雕作品,为游客提供独特的视觉体验和文化感受。同时,雪雕公园还可以举办各种冰雪文化活动,如雪雕比赛、冰雪艺术展览等,丰富游客的文化生活和精神享受。此外,建设冰雪主题的酒店、餐厅、酒吧等也是提高冰雪旅游体验和服务质量的重要手段。这些设施可以为游客提供更加舒适、温馨的住宿和餐饮环境,满足游客在冰雪旅游中的各种需求。

第四节　我国冰雪体育产业发展策略

一、政策支持

政府对冰雪体育产业的支持是推动该产业发展的关键因素之一。为了促进冰雪体育产业的快速发展,政府可以采取以下措施:

（一） 制定相关政策法规

政府可以制定一系列政策法规，为冰雪体育产业的发展提供法律保障和支持。例如，政府可以出台冰雪体育产业的投资政策、税收政策、用地政策等，鼓励社会资本进入该领域，推动冰雪体育产业的投资建设和发展。

（二） 提供财政支持

政府可以通过财政资金的支持，为冰雪体育产业的发展提供资金保障。例如，政府可以设立冰雪体育产业专项资金，用于支持冰雪运动场馆建设、器材购置、运动员培养等方面的发展。

（三） 推动基础设施建设

政府可以加大对冰雪运动场馆、场地等基础设施的建设力度，提高冰雪运动的硬件水平。同时，政府还可以通过公共财政的支持，建设一批高质量、高标准的冰雪运动场馆，为公众提供更加优质的冰雪运动体验和服务。

（四） 加强市场监管

政府可以加强对冰雪体育市场的监管和管理，规范市场秩序，保障公众的合法权益。同时，政府还可以通过实施各种措施，提高公众对冰雪运动的认知度和参与度，扩大冰雪体育产业的市场规模。

（五） 鼓励科技创新

政府可以鼓励和支持冰雪体育产业的科技创新，推动该领域的科技进步。例如，政府可以支持冰雪运动装备的研发和生产，提高我国冰雪运动装备的自主创新能力和国际竞争力。

二、基础设施建设

（一） 合理规划布局

政府应结合冰雪运动的发展需求和当地实际情况，对冰雪运动场地、场馆等基础设施进行合理规划布局。应充分考虑不同地区的气候条件、资源状况和市场需求等因素，制定科学可行的建设方案，确保基础设施的质量和效益。

（二）提高建设质量

在建设冰雪运动场地、场馆等基础设施时，应注重提高建设质量，确保设施的安全性、稳定性和舒适性。同时，应采用先进的技术和设备，提高设施的科技含量和竞争力，为冰雪运动的开展和竞技水平的提高提供有力保障。

（三）多元化投资

冰雪运动场地、场馆等基础设施的建设需要大量的资金投入。政府应引导社会资本进入该领域，通过多元化投资的方式，推动基础设施的建设和发展。同时，政府可以出台相关政策，给予投资者一定的税收优惠、财政补贴等支持，吸引更多的社会资本参与基础设施建设。

（四）加强管理维护

对于已经建成的冰雪运动场地、场馆等基础设施，应加强管理维护，确保设施的正常运转和使用效果。政府应建立健全的管理制度和维护机制，配备专业的技术人员和工作人员，对设施进行定期检查和维护，及时发现和解决问题，确保基础设施的高效运转和长期使用。

三、人才培养

（一）制定科学的人才培养计划

首先，我们需要制定科学的人才培养计划，明确人才培养的目标和方向，包括确定冰雪运动人才的培养目标、培养内容、培养方式等。同时，我们还需要根据市场需求和实际情况，对人才培养计划进行不断调整和完善，确保人才培养的针对性和实效性。

(二) 加强教练员队伍建设

教练员是冰雪运动人才培养的关键力量。我们需要加强教练员队伍建设，提高教练员的专业素质和执教能力，包括加强教练员的选拔和培训，提高教练员的业务水平和教学能力。同时，我们还需要建立健全的教练员考核和激励机制，激发教练员的工作积极性和创新精神。

(三) 加强运动员培养

运动员是冰雪运动的核心力量。我们需要加强运动员培养，提高运动员的专业素质和竞技水平，包括加强运动员的选拔和训练，提高运动员的身体素质、技术水平和心理素质。同时，我们还需要建立健全的运动员培养体系，为运动员提供全方位的支持和服务，包括训练、比赛、生活等方面。

(四) 加大冰雪运动教育普及

冰雪运动教育普及是提高公众对冰雪运动认知度和参与度的重要途径。我们需要加强冰雪运动教育普及工作，通过各种渠道向公众普及冰雪运动知识、技能和安全知识等，包括在学校、社区、媒体等渠道开展冰雪运动教育活动，提高公众对冰雪运动的认知度和参与度。

四、市场推广

(一) 加强宣传力度

宣传是提高公众对冰雪运动认知度和参与度的关键手段。我们需要加大冰雪运动的宣传力度，通过各种渠道和形式向公众传递冰雪运动的信息和魅力，包括在媒体上发布冰雪运动的新闻报道、制作和播放冰雪运动的宣传片、举办冰雪运动的文化节庆活动等，吸引更多的人关注和参与冰雪运动。

（二）拓展市场渠道

拓展市场渠道是扩大冰雪体育产业市场规模的重要途径。我们需要加强与相关产业、企业和机构的合作，拓展市场渠道，推动冰雪体育产业的发展，包括与旅游、文化、教育等相关产业的合作，与体育用品、健身器材等企业的合作，以及与冰雪运动俱乐部、协会等机构的合作等。

（三）提供优质服务

提供优质服务是提高公众对冰雪运动认知度和参与度的必要条件。我们需要加强冰雪运动服务的质量和水平，为公众提供更好的服务体验，包括在冰雪运动场馆提供专业的教练指导、安全保障等服务，为公众提供更好的运动体验和健康保障。

（四）加强冰雪运动安全保障

加强冰雪运动安全保障是提高公众对冰雪运动认知度和参与度的必要条件。我们需要加强冰雪运动安全保障工作，确保公众在参与冰雪运动时得到充分的安全保障，包括在冰雪运动场馆设置安全设施、提供安全提示和服务等，降低公众在参与冰雪运动时的风险和担忧。

（五）举办冰雪赛事活动

举办冰雪赛事活动是提高公众对冰雪运动认知度和参与度的有效途径。我们需要举办各种类型的冰雪赛事活动，吸引更多的公众前来观赏和参与，包括举办国际性、全国性、区域性的冰雪赛事活动，吸引更多的运动员和观众前来参与，提高冰雪运动的竞技水平和观赏性。

五、品牌建设

（一）明确品牌定位

品牌定位是冰雪体育品牌建设的基础。我们需要明确品牌的定位，确定品牌的目标市场和目标消费者，为品牌的发展提供明确的方向。同时，我们还需要根据市场和消费者的需求，制定相应的品牌策略，确保品牌的独特性和吸引力。

（二）提升产品质量

产品质量是冰雪体育品牌建设的重要保障。我们需要不断提升产品质量，确保产品的品质和安全性，包括加强产品的研发和设计，提高产品的科技含量和性能；加强产品的生产和管理，确保产品的质量和稳定性；加强产品的售后服务，提高消费者的满意度和信任度。

（三）加强品牌宣传

品牌宣传是提高品牌知名度和美誉度的关键手段。我们需要加大品牌的宣传力度，通过各种渠道和形式向消费者传递品牌的信息和价值，包括在媒体上发布品牌的广告、宣传片、新闻报道等；在社交媒体上开展品牌的推广活动；举办品牌的线下活动等，提高品牌的曝光度和知名度。

（四）培养消费者情感

培养消费者情感是增强消费者对品牌信任感和忠诚度的关键。我们需要通过各种方式培养消费者对品牌的情感认同，如提供优质的服务、举办有趣的互动活动、打造独特的品牌文化等。同时，我们还需要关注消费者的反馈和意见，及时改进产品和服务，满足消费者的需求和期望。

（五）加强品牌合作

与联盟加强品牌合作与联盟是提高品牌知名度和美誉度的有效途径。我们需要与其他相关品牌、机构等进行合作，共同推广冰雪体育品牌，扩大品牌的影响力，包括与体育用品品牌合作推出联名产品、与旅游机构合作推出冰雪旅游线路、与文化机构合作举办冰雪文化活动等，提高品牌的多元化和吸引力。

（六）持续创新发展

持续创新发展是保持品牌活力和竞争力的关键。我们需要不断进行产品创新、服务创新、营销创新等，满足市场和消费者不断变化的需求。同时，我们还需要关注行业动态和市场趋势，及时调整品牌策略和发展方向，确保品牌的持续发展和领先地位。

六、科技创新

加强科技创新，推动冰雪体育产业的科技发展，是提高冰雪运动竞技水平和观赏性的重要途径。科技创新在冰雪运动中具有广泛的应用前景，可以促进冰雪运动装备的升级换代，提高运动员的训练效果和竞技水平，同时也可以为观众提供更加精彩的观赏体验。首先，科技创新可以促进冰雪运动装备的升级换代。随着科技的不断发展，冰雪运动装备也在不断更新换代。例如，滑雪板、滑雪鞋、滑雪杖等装备的不断改进，可以提高运动员的竞技水平和运动体验。同时，科技创新还可以为冰雪运动提供更加安全、舒适、环保的装备，如智能滑雪服、智能滑雪镜等，为运动员提供更好的保护和帮助。其次，科技创新可以提高运动员的训练效果和竞技水平。通过科技手段对运动员进行训练和评估，可以更加准确地掌握运动员的身体状况和运动表现，为运动员提供更加个性化的训练方案。同时，科技创新还可以为运动员提供更加精准的比赛分析和数据支持，帮助运动员更好地调整自己的战术和策略，提高竞技水平。最后，科技创新可以为观众提供更加精彩的观赏体验。通过科技手段对冰雪赛事进行直播和转播，可以让观众更加直观地感受到冰雪运动的魅力和激情。同时，科技创新还可以为观众提供更加丰富的互动体验，如虚拟现实技术、增强现实技术等，让观众更加深入地参与冰雪运动。

第七章

我国冰雪体育文化的未来发展

第一节　从历届冬奥会看我国冰雪项目的未来和发展

从历届冬奥会来看，我国的冰雪项目在近年来取得了显著的进步和成就。这一进步和成就的背后，是我国冰雪人不断努力拼搏、勇攀高峰的精神。在 2010 年温哥华冬奥会上，中国代表团取得了 5 枚金牌，其中女子短道速滑队包揽了全部 4 枚金牌。这是我国冰雪项目在冬奥会上的一个历史性突破，也是我国冰雪人多年辛勤付出的成果。在温哥华赛场上，我国运动员们展现出了高超的技艺、顽强的斗志和团结协作的精神，为我国冰雪事业增光添彩。而在 2014 年索契冬奥会上，中国代表团再次取得 3 枚金牌。其中，速度滑冰项目实现了历史性突破，张虹获得了中国冬奥历史上的首枚速度滑冰金牌。这一成就的背后，是我国冰雪人在速度滑冰项目上的不懈努力和探索。从引进国际先进的训练理念和技巧，到自主研发高性能的冰雪装备和器材，我国冰雪人不断加强科技创新和人才培养，提高冰雪运动的竞技水平和观赏性。这些成绩的取得，不仅表明我国的冰雪项目已经逐渐崛起，也展现了我国冰雪人的团结奋斗、勇攀高峰的精神风貌。他们以实际行动向世界证明了我国的冰雪实力和潜力，为我国冰雪事业的发展奠定了坚实的基础。然而，与世界冰雪强国相比，我国的冰雪项目在整体实力和竞技水平上仍然存在一定差距。要想在未来的冬奥会上取得更好的成绩，需要继续加强科技创新和人才培养。

一、加强科技创新是推动冰雪运动发展的关键

加强科技创新是推动冰雪运动发展的关键，这一点已经得到了广泛的认可。随着科技的不断发展，冰雪运动的装备和训练手段也在不断更新换代，这为冰雪运动的发展提供了更多的可能性。首先，加强科技研发和创新投入是推动冰雪运动装备升级换代的关键。随着科技的不断进步，冰雪运动的装备也在不断更新换代，从最初的木质装备到现在的金属装备、高科技复合材料装备等，每一次的升级换代都为运动员提供了更好的保护和运动体验。因此，我国需要加强科技研发和创新投入，推动冰雪运动装备的升级换代，提高运动员的训练效果和竞技水平。其次，利用科技手段对冰雪赛事进行直播和转播可以为观众提供更加精彩的观赏体验。随着互联网技术的不断发展，人们对于直播和传播的需求也越来越高。利用高清摄像机、无人机、虚拟现实等技术对冰雪赛事进行直播和转播，可以让观众更加直观地感受到冰雪运动的魅力和激情。同时，还可以通过数据分析、实时互动等方式增加观众的参与感和体验感，提高观众的观赏体验和满意度。最后，科技创新还可以为冰雪运动提供更加个性化的服务。例如，通过大数据分析、人工智能等技术对运动员的训练数据进行分析和预测，可以为教练员提供更加准确的训练建议和个性化训练方案。同时，还可以通过智能穿戴设备、运动监测系统等技术对运动员的身体状况进行实时监测和评估，为运动员提供更加个性化的健康管理和训练指导。

我国需要加强科技研发和创新投入，推动冰雪运动装备的升级换代；利用科技手段对冰雪赛事进行直播和转播；为冰雪运动提供更加个性化的服务等。只有这样，才能更好地推动我国冰雪运动的发展，提高我国冰雪运动的竞技水平和观赏性。同时，也需要加强与国际冰雪运动组织的交流与合作，学习借鉴国际先进的冰雪运动理念、技术和经验；通过举办国际冰雪赛事、参加国际冰雪比赛等方式提高我国冰雪运动的知名度和影响

力；加强冰雪运动教育普及工作、提高公众对冰雪运动的认知度和参与度，从而为推动我国冰雪运动的发展贡献更多力量实现从"冰雪大国"向"冰雪强国"的跨越式发展目标！

二、加强人才培养是推动冰雪运动发展的基础

首先，加强冰雪运动人才的培养和引进是关键。我国需要建立起多元化的冰雪运动人才培养体系，包括青少年培养、专业队建设、社会俱乐部培养等方式。同时，还需要适当引进国际先进的冰雪运动人才和经验，通过引进国际知名教练员和运动员等方式，提高我国冰雪运动的整体实力和水平。其次，加强冰雪运动教育普及工作是基础。冰雪运动是一项需要长期投入和耐心培养的运动，只有让更多的人了解和参与冰雪运动，才能为冰雪运动的发展提供更广泛的人才储备。同时，还需要加强教练员和运动员的培训和提高他们的专业素质。因此，需要加强对教练员和运动员的培训和提高他们的专业素质，通过引进先进的技术和理念、开展专业培训等方式，提高教练员和运动员的专业素质和竞技水平。最后，还需要加强冰雪运动科研和创新工作。随着科技的不断进步和创新，冰雪运动的训练和比赛方式也在不断更新换代。我国需要加强冰雪运动科研和创新工作，通过开展科研合作、技术创新等方式，提高我国冰雪运动的科技含量和创新水平。

三、加强国际交流与合作是推动冰雪运动发展的重要途径

首先，加强与国际冰雪运动组织的交流与合作是推动冰雪运动发展的重要途径。国际冰雪运动组织是全球冰雪运动发展的重要推动者和组织者，他们拥有丰富的冰雪运动理念、技术和经验。通过与国际冰雪运动组织的交流与合作，可以学习借鉴国际先进的冰雪运动理念、技术和经验，提高我国冰雪运动的整体实力和水平。同时，还可以通过参与国际冰雪运动组织的活动和赛事，提高我国冰雪运动的知名度和影响力。其次，还可

以通过与其他国家（地区）的冰雪运动选手和教练员的交流和学习，提高我国冰雪运动的竞技水平和观赏性。此外，加强国际交流与合作还可以促进冰雪运动的普及和发展。通过与其他国家（地区）的冰雪运动组织和个人进行交流与合作，可以互相学习、互相借鉴、互相帮助，推动全球冰雪运动的普及和发展。同时，还可以通过举办国际冰雪文化节等活动，增进中外冰雪文化交流和理解，推动中外冰雪运动的友好交流与合作。

第二节　打造冰雪旅游产业集群优势

一、优化产业布局

首先，科学规划是实现冰雪旅游产业集聚效应的基础，在规划过程中，需要全面分析当地的自然条件、人文资源、市场需求等因素，确定冰雪旅游产业的发展方向和目标。同时，还需要结合周边地区的旅游资源、特色产业等，进行统筹规划和布局，形成特色鲜明、互补性强、具有影响力的冰雪旅游产业集群。其次，合理布局是实现冰雪旅游产业集聚效应的关键。在布局过程中，需要考虑冰雪旅游产业的产业链条、上下游关系、资源共享等因素，确保产业布局的合理性和高效性。同时，还需要注重产业之间的协同发展，形成产业之间的良性互动和互补，提高整个冰雪旅游产业的竞争力和可持续发展能力。此外，冰雪旅游产业集群的形成还需要政府、企业和社会各方面的共同努力。政府需要加大对冰雪旅游产业的支持力度，制定相关政策和措施，推动产业的快速发展。企业需要加强技术创新和品牌建设，提高产品的质量和竞争力。社会各方面需要加强宣传和推广，提高冰雪旅游的知名度和美誉度，吸引更多的游客前来旅游。同时，冰雪旅游产业集群的形成需要注重生态环境保护和文化传承。在发展过程中，需要注重生态环境的保护和修复，确保冰雪旅游产业的可持续发展。还需要注重文化传承和创新，将冰雪文化与当地文化相结合，形成具有地方特色的冰雪旅游品牌。通过科学规划、合理布局冰雪旅游产业，形成产业集聚效应是打造冰雪旅游产业集群优势的关键。只有通过政府、企业和社会各方面的共同努力和配合，才能推动冰雪旅游产业的快速发展，实现产业集群优势的打造，为当地经济发展和社会进步做出更大的贡献。

二、加强基础设施建设

首先，交通是冰雪旅游的基础设施之一，完善交通设施，包括公路、铁路、航空等交通方式，可以方便游客前来旅游。同时，还需要加强交通管理，确保交通的顺畅和安全。在冰雪旅游旺季，可以采取增加班次、延长运营时间等措施，满足游客的出行需求。其次，住宿是游客在冰雪旅游中的重要需求之一。完善住宿设施，包括酒店、民宿等，可以提高游客的住宿体验。同时，还需要加强住宿服务的管理和培训，提高服务质量和水平。在冰雪旅游旺季，可以采取增加床位、提高服务质量等措施，满足游客的住宿需求。此外，餐饮是游客在冰雪旅游中的重要需求之一。完善餐饮设施，包括餐厅、小吃店等，可以提供多样化的美食选择。同时，还需要加强食品卫生管理和服务质量的监管，确保游客的饮食安全和健康。在冰雪旅游旺季，可以采取增加餐饮供应、提高服务质量等措施，满足游客的餐饮需求。最后，娱乐是游客在冰雪旅游中的重要需求之一。完善娱乐设施，包括滑雪场、雪橇场、冰雕展等，可以丰富游客的旅游体验。同时，还需要加强娱乐设施的管理和维护，确保游客的安全和舒适。在冰雪旅游旺季，可以采取增加娱乐项目、提高服务质量等措施，满足游客的娱乐需求。完善冰雪旅游基础设施是提高游客便利度和舒适度，增强冰雪旅游吸引力的关键。只有通过加强交通、住宿、餐饮、娱乐等方面的基础设施建设和管理，才能为游客提供更加便捷、舒适、安全的旅游环境，推动冰雪旅游产业的快速发展。

三、推动产业融合发展

首先，冰雪旅游与文化产业的融合可以丰富冰雪旅游的内容和形式。

冰雪旅游本身就具有浓厚的文化内涵,可以通过与文化产业相结合,挖掘和传承冰雪文化,打造具有地方特色的冰雪旅游品牌。例如,可以结合当地的历史文化、民俗文化等,推出具有文化内涵的冰雪旅游线路和产品,吸引更多的游客前来体验。其次,冰雪旅游与体育产业的融合可以提高冰雪旅游的竞技性和观赏性。冰雪运动本身就是一项具有竞技性和观赏性的运动,可以通过与体育产业相结合,举办各种冰雪赛事和活动,吸引更多的体育爱好者和专业运动员前来参与。同时,还可以通过体育产业的宣传和推广,提高冰雪旅游的知名度和影响力。此外,冰雪旅游与农业产业的融合可以促进农村经济的发展和农民的增收。冰雪旅游的发展需要大量的农产品作为食材和补充品,可以与当地的农业产业相结合,推动农产品的生产和销售。同时,还可以通过农业产业的宣传和推广,吸引更多的游客前来体验农村文化和特色美食。最后,多产业协同发展的格局可以形成产业之间的良性互动和互补。将冰雪旅游与文化、体育、农业等相关产业融合发展是提升冰雪旅游产业附加值和竞争力的有效途径。只有通过多方面的努力和配合,才能推动冰雪旅游产业的快速发展,实现产业集群优势的打造。

四、培育龙头企业

首先,政策引导在培育冰雪旅游龙头企业中起着至关重要的作用。政府可以通过制定一系列政策和措施,为冰雪旅游龙头企业提供有力的支持和帮助,推动整个产业的健康发展。政府可以提供财政补贴和税收优惠等政策,鼓励企业加大投入,提高产品质量和服务水平。这些政策可以降低企业的经营成本,提高企业的盈利能力,从而增强企业的市场竞争力。同时,政府还可以通过税收减免等措施,鼓励企业进行技术创新和品牌建设,提升企业的核心竞争力。政府可以制定行业标准和规范,推动冰雪旅游产业的规范化发展。通过制定统一的标准和规范,可以确保产品质量和服务水平的一致性,提高消费者的满意度。同时,还可以加强行业的自律管理，防止不正当竞争，维护市场的公平和秩序。政府还可以加强对冰雪旅游产业的监管和指导，确保产业的健康有序发展。政府可以建立完善的监管机制，加强对企业的监管和检查，确保企业遵守相关法律法规和标准要求。同时，政府还可以提供指导和支持，帮助企业解决发展中遇到的问题和困难，推动产业的可持续发展。

其次，市场机制是培育冰雪旅游龙头企业的基础。在市场经济条件下，企业之间的竞争是不可避免的。通过市场竞争，可以促使企业不断创新和进步，提高自身的竞争力和影响力。同时，还可以通过市场竞争，推动冰雪旅游产业的优胜劣汰，形成良性竞争的格局。在市场竞争中，冰雪旅游龙头企业需要注重品牌建设、技术创新、市场营销等方面的工作，提高自身的竞争力和影响力。其一，品牌建设是企业在市场竞争中取得优势的重要因素之一。冰雪旅游龙头企业需要注重品牌形象的塑造和提升，通过提高产品质量和服务水平，树立良好的品牌形象和口碑。同时，还需要加强品牌宣传和推广，提高品牌的知名度和美誉度。其二，技术创新是企业保持竞争优势的关键。冰雪旅游龙头企业需要注重技术研发和创新，引进先进的技术和设备，提高产品的科技含量和附加值。同时，还需要加强技术人才培养和引进，提高企业的技术创新能力。其三，市场营销是企业扩大市场份额、提高品牌知名度的关键。冰雪旅游龙头企业需要注重市场调研和分析，了解消费者的需求和偏好，制定有针对性的营销策略。同时，还需要加强与合作伙伴的沟通和协作，形成良好的合作关系和市场网络。

通过政策引导和市场机制，培育一批具有影响力和竞争力的冰雪旅游龙头企业是提升整个冰雪旅游产业整体竞争力的关键。同时，还需要注重生态环境保护和文化传承等方面的工作，实现冰雪旅游产业的可持续发展。

五、资源整合

（一）冰雪旅游景区整合冰雪旅游景区是吸引游客的重要因素之一

要对现有的冰雪旅游景区进行全面评估和整合，这是打造冰雪旅游产业集群优势的重要环节。全面评估和整合包括景区的规划、建设、运营和管理等方面，旨在优化景区布局，提高景区的品质和效益，吸引更多的游客前来游览。首先，要进行景区的规划评估。要了解景区的整体布局和规划情况，分析景区的优势和不足，提出针对性的改进措施。同时，要注重景区的整体规划和区域规划的协调性，确保景区与周边环境的和谐发展。其次，要加强景区的建设和管理。要注重景区的设施建设和维护，提高景区的品质和服务水平。同时，要加强景区的管理和运营，提高景区的运营效率和服务质量。在整合过程中，还要注重景区的创新和多样化。要推出具有地方特色的冰雪旅游景区，提高景区的竞争力和吸引力。例如，可以结合当地的文化、历史、民俗等元素，打造具有地方特色的冰雪旅游景区，吸引更多的游客前来游览。同时，要注重景区的宣传和推广。加强景区的宣传和推广工作，提高景区的知名度和影响力，可以通过各种媒体、网络平台等渠道进行宣传和推广，吸引更多的游客前来游览。

（二）冰雪运动设施整合冰雪运动设施是开展冰雪运动的重要保障

冰雪运动设施包括滑雪场、滑冰场、雪地运动场等，这些设施的建设和维护对于提供更好的运动体验、满足游客的多样化需求至关重要。首先，要注重设施的建设。投入更多的资金和人力，建设高标准、高质量的冰雪运动设施。在建设过程中，要注重设施的实用性和安全性，确保游客能够在安全的环境中享受冰雪运动的乐趣。其次，要加强设施的维护和管理。定期检查设施的运行状况，及时修复和更新设备，确保设施的正常运转。同时，要加大管理力度，提高服务水平，为游客提供更加优质、便捷的体验。在设施建设过程中，还要注重标准化和规范化建设。制定相关的标准和规范，确保设施的建设质量和运营管理符合国家标准和国际标准。通过标准化和规范化建设，可以提高设施的品质和服务水平，为游客提供更加优质的冰雪运动体验。最后，要注重设施的多元化和差异化建设。结合当地的文化、历史、民俗等元素，打造具有地方特色的冰雪运动设施，吸引更多的游客前来体验。例如，可以建设具有当地特色的滑雪场、滑冰场等设施，让游客在体验冰雪运动的同时，感受当地的文化氛围。

（三）冰雪旅游产品整合冰雪旅游产品是吸引游客的重要因素之一

注重产品的创新和多样化是提升冰雪旅游吸引力和竞争力的重要手段。产品的创新和多样化不仅有助于满足不同游客的需求，还能提高产品的竞争力和吸引力，推动冰雪旅游产业的持续发展。首先，要注重冰雪旅游线路的设计。不同的游客有不同的旅游需求和偏好，因此，要设计出多种不同风格的冰雪旅游线路，以满足不同游客的需求。例如，可以设计以冰雪运动体验为主的线路，让游客在体验冰雪运动的同时，欣赏到美丽的自然风光；也可以设计以文化探索为主的线路，让游客在了解当地文化的同时，感受到冰雪旅游的魅力。其次，要加强冰雪旅游产品的研发。冰雪旅游产品是吸引游客的重要因素之一，因此，要加强产品的研发和创新，推出更多具有地方特色、高品质的冰雪旅游产品。例如，可以推出具有当地特色的冰雪旅游纪念品、冰雪旅游摄影作品等，让游客在体验冰雪旅游的同时，带走一份独特的纪念。同时，要注重产品的品质和服务水平。产品的品质和服务水平是影响游客体验的重要因素，因此，要加强产品的品质控制和服务管理，提供优质的产品和服务。

第三节　对我国冰球运动未来发展的展望

一、政府将持续支持冰球运动的发展

（一）加大投入力度

政府对冰球运动的投入是推动其发展的重要保障。增加对冰球运动的投入，包括资金、设施、人才等方面的支持，可以有效地提升我国冰球运动的水平和竞争力。首先，资金投入是保障冰球运动发展的重要基础。政府可以通过设立专项资金，为冰球运动的发展提供稳定的资金支持。这些资金可以用于建设冰球场馆、购买设备、培训教练和队员等方面，为冰球运动的发展提供有力的物质保障。其次，设施建设是提升冰球运动水平的重要手段。政府可以加大对冰球场馆的建设力度，提供更多的训练和比赛场地。这些场馆可以满足不同年龄段、不同水平的冰球队员进行训练和比赛的需求，提高他们的竞技水平和运动体验。此外，人才支持也是推动冰球运动发展的关键因素。政府可以通过设立奖学金、提供培训机会等方式，吸引更多的优秀人才投身冰球运动。同时，还可以加强与国际冰球组织的合作，引进国际先进的教练和训练方法，提高我国冰球运动的训练水平和竞技实力。

（二）制定优惠政策

政府可以通过制定一系列优惠政策，鼓励企业和个人投资冰球运动，推动其市场化发展。这些优惠政策如减免税收、提供贷款担保、给予土地使用权等方面的支持，以吸引更多的社会资本进入冰球领域。首先，减免税收是一种有效的优惠政策。政府可以通过对参与冰球运动的企业和个人给予一定的税收减免，降低他们的经营成本，提高他们的盈利能力。这将有助于激发企业和个人的投资热情，推动冰球运动的快速发展。其次，提供贷款担保是另一种重要的优惠政策。政府可以与金融机构合作，为参与冰球运动的企业和个人提供贷款担保服务。这将降低他们的融资难度和成本，帮助他们更好地应对资金压力，推动冰球运动的稳定发展。最后，给予土地使用权也是一项有吸引力的优惠政策。政府可以在符合规划和政策的前提下，为冰球运动场地建设和相关设施提供土地使用权。这将为投资者提供更稳定的土地资源保障，有助于吸引更多的社会资本进入冰球领域。

（三）加强宣传推广

政府可以通过各种渠道加强冰球运动的宣传推广，提高公众对冰球运动的认知度和参与度。这不仅可以增强人们对冰球运动的了解和兴趣，还可以为冰球运动的发展营造良好的社会氛围。首先，政府可以通过电视媒体进行宣传。电视是一种普及率较高的媒体，可以覆盖广泛的受众群体。

政府可以与电视台合作，制作和播放有关冰球运动的专题节目、纪录片或新闻报道，向公众介绍冰球运动的历史、文化、技术和比赛等内容。这将有助于提高公众对冰球运动的认知度和兴趣。其次，政府可以利用网络平台进行宣传。互联网已经成为人们获取信息的重要渠道，政府可以通过官方网站、社交媒体等平台发布有关冰球运动的信息和动态，与公众进行互动和交流。同时，政府还可以与各大网络平台合作，推出有关冰球运动的网络直播、短视频、图文等形式的内容，吸引更多的网友关注和参与。此外，政府还可以通过举办各类冰球活动和赛事来吸引公众的参与。例如，可以组织冰球体验营、社区冰球活动等，让公众亲身体验冰球运动的乐趣和魅力。同时，政府还可以举办各种级别的冰球比赛，邀请国内外优秀队伍参赛，提高比赛的观赏性和影响力。这些活动和赛事不仅可以吸引公众的关注和参与，还可以为冰球运动的发展提供更多的机会和平台。

二、青少年冰球运动将得到进一步发展

首先，将冰球纳入体育课程是推动青少年冰球运动发展的重要举措。学校是青少年成长的重要场所，通过将冰球纳入体育课程，可以让学生们更早地接触冰球运动，了解其基本知识和技能。同时，学校还可以通过组织各种形式的冰球活动和比赛，让学生们更好地体验冰球运动的乐趣和魅力，激发他们对冰球运动的兴趣和热情。其次，家长对子女参与冰球运动认可度的提高也是推动青少年冰球运动发展的重要因素。随着社会的发展和人们健康意识的提高，越来越多的家长开始重视子女的体育锻炼和身体健康。他们认识到冰球运动是一种有益的体育锻炼方式，可以提高身体素质、增强体魄，同时还可以培养孩子们的团队合作精神和竞争意识。因此，他们更愿意鼓励子女参与冰球运动，为他们的健康成长提供更多的支持和保障。青少年冰球人口基数的增长将为我国冰球运动培养更多的后备人才。青少年是培养体育人才的重要时期，通过在学校和教育机构中开展冰球运动，可以发掘和培养更多的青少年冰球人才。这些人才将成为我国

冰球运动的中坚力量，为我国在国际冰球比赛中取得更好的成绩作出贡献。此外，青少年冰球人口基数的增长还将推动我国冰球运动的长期发展。随着青少年冰球人口的增加，我国冰球运动的群众基础将更加广泛，这将为我国冰球运动的长期发展提供有力的支持。同时，青少年冰球人口的增加也将促进我国冰球运动竞技水平的提高，推动我国在国际冰球比赛中的地位提升。随着越来越多的学校和教育机构将冰球纳入体育课程，以及家长对子女参与冰球运动的认可度提高，青少年冰球人口基数有望增长。这将为我国冰球运动培养更多的后备人才，推动其长期发展。同时，也需要政府、社会、企业和个人等多方面的共同努力和合作，为青少年冰球运动的发展提供更好的支持和保障。

三、冰球赛事的多样性和观赏性将提升

为了满足不同观众群体的需求，未来我国冰球赛事可能会更加多样化。这不仅包括举办更多级别的比赛，还可能引入新的赛制，以吸引更多的观众关注和参与。同时，为了提高比赛的观赏性，赛事组织者可能会借鉴国际先进经验，提升比赛氛围和观众体验。首先，举办更多级别的比赛是满足不同观众群体需求的重要举措。随着冰球运动的普及和发展，不同年龄、性别、水平的观众群体对比赛的关注和需求也各不相同。例如，可以举办针对青少年、成年、老年等不同年龄段的比赛，以及针对男子、女子、混合等不同性别的比赛。同时，还可以根据不同水平的球队和选手，设置不同级别的赛事，如地区联赛、全国联赛、国际赛事等。这样可以让更多的观众找到适合自己的比赛，提高他们的参与度和观赏体验。其次，引入新的赛制也是未来我国冰球赛事多样化的重要方向。传统的冰球比赛通常采用淘汰制，即胜者晋级、败者淘汰的方式。然而，这种方式可能会让观众感到紧张和缺乏观赏性。因此，未来我国冰球赛事可能会引入更多新的赛制，如循环赛、积分赛等。这些新的赛制可以让比赛更加激烈和悬念重重，提高观众的观赏体验。例如，可以适当借鉴国际冰球比赛的运营

模式和经验，引入专业的赛事管理和运营团队，提高比赛的组织水平和观赏质量。同时，还可以适度借鉴国际先进的技术手段和设备，如高清转播技术、智能数据分析系统等，为观众提供更加清晰、准确的比赛信息和观赏体验。

四、我国冰球运动的国际影响力将增强

随着我国冰球运动水平的提高和在国际比赛中的表现越来越好，我国冰球的国际地位也有望提升。这不仅会吸引更多的国际关注，还会促使更多的国际投资进入我国冰球领域，进一步推动我国冰球运动的发展。首先，我国冰球运动水平的提高将增加国际对我国冰球的关注度。随着国内青少年冰球人口的增加和冰球运动的普及，我国冰球队的实力逐渐增强。在亚洲乃至国际舞台上，我国冰球队已经取得了一系列优异的成绩。这些成绩不仅为我国冰球运动树立了良好的形象，也提高了国际对我国冰球运动的认知和关注度。其次，我国冰球在国际比赛中的表现越来越好将进一步增强其国际地位。近年来，我国冰球队在亚洲杯、亚冬会等国际比赛中屡获佳绩，展示了我国冰球运动的实力和潜力。这些成绩充分证明了我国冰球运动的进步和提升，也赢得了国际对我国冰球运动的认可和尊重。随着国际对我国冰球运动的关注度和认可度的提高，其国际地位也将随之提升。这将为我国冰球运动的发展带来更多的机遇和空间。一方面，我国冰球运动将有机会获得更多的国际比赛机会，与世界强队交流切磋的机会增多，进一步提高我国冰球的竞技水平。另一方面，我国冰球运动将有更多的机会吸引国际投资和合作，为自身的发展提供更多的资金和技术支持。当然，要充分利用这一机遇推动我国冰球运动的发展，还需要政府、社会、企业和个人等多方面的共同努力。政府可以加强与国际组织的沟通和合作，参与更多国际赛事和交流活动；社会可以积极培育青少年冰球人才，提高群众基础和竞技水平；企业可以加大投资力度，支持国家队建设和人才培养；个人可以积极参与冰球运动，为我国冰球运动的发展贡献力量。

五、冰球产业链将得到完善

首先，冰球装备制造是冰球运动产业链的重要组成部分。随着冰球运动的普及和参与人数的增加，对冰球装备的需求也将随之增长，包括冰球、冰鞋、护具、装备等各个方面。冰球装备制造企业将迎来更多的市场机遇，为运动员提供更优质、更专业的装备，推动冰球运动的发展。其次，赛事运营是冰球运动产业链中的重要环节。随着市场化程度的提高，冰球赛事的运营将更加专业化、市场化。赛事组织者将更加注重观众体验和观赏性，提高比赛的质量和水平。同时，赛事运营也将为赞助商、广告商等提供更多的商业机会，推动冰球运动的商业化发展。此外，媒体转播也是冰球运动产业链中的重要环节。随着数字化、网络化的发展，媒体传播的形式和内容也将不断创新。媒体将更加注重冰球比赛的宣传和报道，提高比赛的知名度和影响力。同时，媒体转播也将为观众提供更便捷、更直观的观看体验，推动冰球运动的普及和发展。最后，体育旅游也是冰球运动产业链中的重要领域。随着人们健康意识的提高和旅游方式的多样化，体育旅游逐渐成为一种新的旅游方式。冰球比赛和活动将成为吸引游客的重要因素，推动体育旅游的发展。同时，体育旅游也将为当地经济带来更多的收益和就业机会，促进社会的全面发展。总之，随着冰球运动的普及和市场化程度的提高，相关的产业链将得到完善，包括冰球装备制造、赛事运营、媒体转播、体育旅游等多个领域的发展，为冰球运动提供更强的产业支撑。为了推动这一趋势的发展，需要政府、社会、企业和个人等多方面的共同努力和合作。政府可以加强政策引导和支持，为相关产业提供更多的资金和技术支持；社会可以积极培育市场和消费群体，提高公众对冰球运动的认知度和参与度；企业可以加大投资力度，拓展市场空间和发展机遇；个人可以积极参与冰球运动和相关产业的发展，为整个产业作出贡献。通过各方面的共同努力和合作，我们可以推动冰球运动的快速发展和市场化程度的提高，完善相关的产业链，为整个产业带来更多的机遇和空间。这将有助于提升我国冰球运动的国际地位和竞争力，推动我国体育事业的发展和进步。

六、市场化程度不断提高

随着市场经济的深入发展，我国冰球运动的市场化程度将不断提高。这一趋势不仅符合全球体育产业的发展趋势，也符合我国体育事业的发展方向。市场化程度的提高将为我国冰球运动提供更多的发展机遇和空间，推动冰球运动的商业化发展，进一步推动我国冰球运动的繁荣和发展。首先，市场化程度的提高将吸引更多的社会资本进入冰球领域。在市场经济中，资本的流动和投资决策受到市场供求关系、利润预期等多种因素的影响。随着冰球运动市场化程度的提高，市场对冰球运动的投资回报预期将逐渐提高，这将吸引更多的社会资本进入冰球领域。这些资本可以用于基础设施建设、人才培养、赛事运营等方面，为我国冰球运动的发展提供更多的资金支持。其次，市场化程度的提高将推动冰球运动的商业化发展。商业化是市场经济发展的必然趋势，也是体育产业发展的重要方向。在商业化发展的推动下，冰球运动将更加注重市场运作和商业价值开发，包括品牌建设、市场营销、广告赞助等方面的工作。通过商业化的运作，可以进一步提高冰球运动的知名度和影响力，吸引更多的观众和消费者，推动冰球运动的快速发展。在市场经济中，竞争是常态，而竞争也将带来更多的机遇和挑战。随着市场化程度的提高，我国冰球运动将面临更多的竞争和挑战，但也将获得更多的发展机遇和空间，包括参与国际赛事的机会、拓展国内外市场的机会、与其他产业合作的机会等。通过抓住这些机遇，我国冰球运动将实现更快更好的发展。

参考文献

[1] 王盈等:《智能+时代中国式数字冰雪体育旅游产业高质量发展策略》,载《湖北体育科技》2023 年第 9 期。

[2] 陈夏等:《后冬奥会时代中国冰雪体育产业发展策略研究》,载《绥化学院学报》2023 年第 8 期。

[3] 魏巍等:《基于文献计量法分析我国冰雪体育产业研究现状及趋势演变》,载《湖北体育科技》2023 年第 8 期。

[4] 焦裕菁:《我国冰雪体育产业发展策略创新研究》,载《文体用品与科技》2023 年第 5 期。

[5] 李克良等:《基于 SWOT-AHP 模型黑龙江省冰雪体育产业发展策略研究》,载《冰雪运动》2022 年第 4 期。

[6] 李晓晟:《冬奥会背景下河北省冰雪体育产业可持续发展策略研究》,载《邯郸职业技术学院学报》2020 年第 4 期。

[7] 周海琴:《我国冰雪体育旅游产业开发现状及发展策略——评〈中国冰雪旅游业发展模式研究〉》,载《水利水电技术》2020 年第 7 期。

[8] 张瑞洁、支俊才:《2022 冬奥背景下冀北区域冰雪体育产业发展策略研究》,载《体育科技》2020 年第 2 期。

[9] 刘彬等:《基于 VAR 模型的我国冰雪产业规模与体育产业发展的动态关系研究》,载《吉林体育学院学报》2022 年第 6 期。

[10] 任刘晋等:《数字经济赋能下冰雪体育消费升级的困境与突破》,载《冰雪运动》2023 年第 4 期。

［11］孙哲：《东北三省冰雪产业高质量协同发展的现实困境与实践通路》，载《沈阳体育学院学报》2023 年第 4 期。

［12］李海霞等：《我国冰雪体育赛事协同治理研究：基于利益相关者视角》，载《哈尔滨体育学院学报》2023 年第 4 期。

［13］亓怀泽、郑家鲲：《高质量发展视域下我国冰雪体育旅游产业链的构建》，载《冰雪运动》2023 年第 4 期。

［14］仲跻强：《黑龙江省发展冰雪体育旅游产业的创新研究——基于冬奥会背景》，载《北方经贸》2023 年第 6 期。

［15］郭卓然等：《新疆冰雪体育特色小镇建设与发展趋势研究》，载《当代体育科技》2023 年第 15 期。

［16］王飞等：《以冰雪运动高质量发展推进体育强国建设：现实基础、困境与战略路径》，载《沈阳体育学院学报》2023 年第 3 期。

［17］张宇飞等：《冰雪产业高质量发展的资金困境与金融支持——基于耦合理论的视角》，载《商业经济》2023 年第 6 期。

［18］李克良等：《新发展格局下黑龙江冰雪体育旅游产业发展阻力与策略》，载《学术交流》2023 年第 4 期。

［19］董博杨、刘蓉：《后冬奥时代东北冰雪产业发展路径探析》，载《现代营销（下旬刊）》2023 年第 3 期。

［20］陈赟吉等：《我国冬季运动研究的演化与展望——基于 CNKI 的文献计量分析（1990~2022 年）》，载《冰雪运动》2023 年第 2 期。

［21］杜雪松等：《新冠疫情防控常态化背景下河北省冰雪产业发展模式研究》，载《科技资讯》2023 年第 3 期。

［22］梁毕一凡：《互联网时代冰雪体育旅游的营销模式与应对策略研究》，载《文体用品与科技》2023 年第 2 期。

［23］王洁、吴迪：《"互联网+"背景下黑龙江省冰雪体育产业发展的机遇与挑战研究》，载《运动精品》2022 年第 12 期。

［24］张佃波等：《中国冰雪产业高质量发展的政策工具特征解析与优化策略研究》，载《成都体育学院学报》2022 年第 6 期。

［25］田鸽等：《"冰雪+"赋能黑龙江冰雪产业链优化发展路径研究》，载《文体用品与科技》2022 年第 23 期。

［26］李瑛等：《北京冬奥会与中国冰雪经济发展——基于体育赛事产业的研究视角》，载《山西财经大学学报》2022 年第 12 期。

［27］张瑞林、李凌：《我国冰雪产业发展的影响因素及对策分析》，载《武汉体育学院学报》2022 年第 11 期。

［28］李子彪等：《高质量发展背景下中国冰雪体育产业链的整合模式及对策》，载《当代经济管理》2022 年第 12 期。

［29］刘子安、柏林：《冬奥会视域下黑龙江省冰雪体育旅游产业的发展创新研究》，载《中国商论》2022 年第 16 期。

［30］于启、李凌：《我国冰雪产业高质量发展的现实逻辑、阻滞困境及路径选择》，载《山东体育学院学报》2022 年第 4 期。